Ναταλία Βολοντίνα-Σαρκαβάζη

Ο νόμος της πεταλούδας

FYLATOS PUBLISHING

FYLATOS PUBLISHING

Copyright για την ελληνική έκδοση
Ναταλία Βολοντίνα-Σαρκαβάζη
© Εκδόσεις Φυλάτος, © Fylatos Publishing, Θεσσαλονίκη 2016

Συγγραφέας: Ναταλία Βολοντίνα-Σαρκαβάζη
Λογοτεχνική επιμέλεια: Ζένια Κατσούλη

© Εκδόσεις Φυλάτος, © Fylatos Publishing
e-mail. contact@fylatos.com
web: www.fylatos.com
Σχεδιασμός Εξωφύλλου: © Εκδόσεις Φυλάτος
Σελιδοποίηση-Σχεδιασμός: © Εκδόσεις Φυλάτος
ISBN: 978-618-5232-41-2

Ναταλία Βολοντίνα-Σαρκαβάζη

Ο νόμος της πεταλούδας

Εκδόσεις Φυλάτος
Fylatos Publishing
MMXVI

Στους συνταξιδιώτες
της ζωής μου.

ΠΕΡΙΕΧΟΜΕΝΑ

Ο νόμος της πεταλούδας

Το θύμα της τέχνης

Ο νόμος
της πεταλούδας

Η αρχή της φόρμας

Η ζωή είναι ένα ταξίδι στο οποίο μας αποστέλλουν χωρίς να μας ρωτήσει κανείς.

Ο χρόνος και ο τόπος δεν επιλέγονται από εμάς. Κάποιος, όμως, επινόησε όλα αυτά. Ο Θεός; Η μοίρα; Οι γονείς; Αλλά και εκείνους, επίσης, δεν τους έχει ρωτήσει κανείς.

Οι δρόμοι της μοίρας είναι άγνωστοι για μας. Δεν μπορούμε να προβλέψουμε τις συνέπειες ενός γεγονότος ή τι μπορεί να προκαλέσει η κάθε μας επιλογή. Χωρίς δεύτερη σκέψη παίρνουμε ένα εισιτήριο για τραίνο ή για αεροπλάνο. Και, αποκοιμισμένοι σε μια κουκέτα κάτω από το νανουριστικό βουητό των τροχών ή σε μια καρέκλα με το σταθερό βουητό του κινητήρα, πιστεύουμε ότι έχουμε πάρει ένα εισιτήριο για μια άλλη πόλη. Στην πραγματικότητα, για μια άλλη ζωή.

Ο νόμος της πεταλούδας

Με τις αιτιατές σχέσεις, δηλαδή με τη λογική συνέπεια μεταξύ αιτίας και αποτελέσματος «το αίτιον και το αιτιατόν» οι φιλόσοφοι μας μπέρδεψαν.

Μερικοί λένε ότι τα πάντα στον κόσμο συνδέονται σε μια ενιαία αλυσίδα. Και η κίνηση των φτερών μιας πεταλούδας μπορεί να προκαλέσει σεισμούς στην άλλη άκρη του κόσμου.

Άλλοι πάλι λένε ότι ο καθένας παίρνει ό,τι του αξίζει. Δηλαδή, ο ίδιος αυτοτιμωρείται και τότε το ίδιο το αποτέλεσμα ψάχνει για αφορμή. Στην τελευταία περίπτωση, χρειάζεται μια ορισμένη σύνδεση, χρειάζεται τον καταλύτη που πυροδοτεί την αιτιώδη αλυσίδα.

Ας υποθέσουμε ότι υπάρχει ένας αξιωματούχος πολέμαρχος. Υπηρετεί στη σχετική υπηρεσία του στρατολογικού γραφείου. Καλός άνθρωπος. Έντιμος. Υπηρετεί με ζήλο. Τελευταία, όμως, χαλάρωσε. Κάθε τόσο μιλάει στο τηλέφωνο. Συχνά τον πιάνει αφηρημάδα, αποσπάται η προσοχή του. Τα έγγραφα τα υπογράφει χωρίς να τα διαβάσει. Τι να διαβάσεις άλλωστε; Ρουτίνα, μονοτονία, εκατό χρόνια το ίδιο πράγμα: η κλήση στρατευσίμων, το κάλεσμα, οι ασκήσεις των εφέδρων αξιωματικών...

Και εδώ έρχεται η Μαρία μου, που όλοι τη λέγανε, χαϊδευτικά «Μάνια». Καταλύτης! Δουλεύει ως γραμματέας του στρατηγού. Σκυμμένη πάνω στη μηχανογραφική μηχανή, χτυπά όλη την ημέρα τα πλήκτρα, φτερουγίζει σαν σπουργίτι από γραφείο σε γραφείο. Δουλεύει με περιττό ζήλο και αυτή. Κουνάει, όμως πολύ τα χέρια της, ξεχνώντας τον νόμο της πεταλούδας. Και ο νόμος είναι αυστηρός. Μπορεί να κουνάει το χέρι του κανείς στη Σιβηρία – θα κάνει «μπαμ» στη Μόσχα και το ωστικό κύμα θα γυρίσει πίσω στη Σιβηρία. Και, το κυριότερο, δεν έδινε καμία σημασία στη λεπτομέρεια. Οι λεπτομέρειες, ωστόσο, εκδικούνται. Και τις περισσότερες φορές τους άλλους.

Για πείτε, ποιά σημασία έχει, ας πούμε, ότι τα πλήκτρα "Ζ" και "Χ" στο πληκτρολόγιο της γραφομηχανής βρίσκονται δίπλα; Και όμως, αυτό είναι πάρα πολύ σημαντικό! Δύσκολα είναι αυτά τα γράμματα. Απαιτούν προσοχή. Ειδικά το "Χ". Εάν κάνεις λάθος, η έννοια της λέξης αλλάζει δραματικά. Όπως, π.χ. « Ο Αξιωματικός ματαίωσε τις Στρατιωτικές Ασκήσεις λόγω ζέστης» ή «Ο Αξιωματικός ματαίωσε τις Στρατιωτικές Ασκήσεις λόγω χέστης...» Μεγάλη διαφορά.

Πάντως, όλα με τη σειρά τους.

Την ημέρα εκείνη, η Μάνια τοποθέτησε στη μηχανή ένα καθαρό φύλλο, για να εκτυπώσει ένα απλό και συνηθισμένο υπηρεσιακό κείμενο, αποστολή προς έναν στρατηγό στρατοπεδάρχη. "Στον διοικητή της στρατιωτικής μονάδας που στρατοπεδεύει στην πόλη του Ορέχοβο-Ζούεβο ".

Μόνο από απροσεξία η Μάνια χτύπησε λάθος και στη λέξη "Ζούεβο" αντί του "Ζ" χτύπησε "Χ". Και εδώ χρειάζεται μια εξήγηση. Η λέξη «ζούεβο» έχει ως ρίζα το όνομα ενός συμπαθέστατου μικρού πουλιού, ενώ το «χούεβο» μας παραπέμπει στο άλλο πουλί – το αντρικό μόριο.

Έχοντας τελειώσει τη δουλειά της, πήρε το τυπωμένο κείμενο και το πήγε στο γραφείο του στρατηγού για να το υπογράψει. Απασχολημένος με την τηλεφωνική συνομιλία, υπέγραψε, χωρίς να κοιτάξει και η επιστολή πήγε στον προορισμό της. Μετά από έναν μήνα ήρθε η απάντηση από το Υπουργείο Εθνικής Άμυνας: " μια αυστηρή μομφή για την αμέλεια που επέδειξε στον σχεδιασμό της διαχείρισης της επιστολής.... Αριθμός αναφοράς νούμερο... "

Ο στρατηγός ζήτησε την εξερχόμενη αποστολή.

Ήταν μια σπάνια, αν όχι η μοναδική περίπτωση όπου ο αποδέκτης της αυστηρότατης τιμωρίας την απολάμβανε σαν παιδί. Τα δυνατά του γέλια προκάλεσαν αναστάτωση σε ολόκληρο το κτίριο: οι υπάλληλοι έτρεξαν να μάθουν τι έγινε; Μήπως του έτυχε λαχείο της Κρατικής Λοταρίας και κέρδισε το αυτοκίνητο "Βόλγα"; Αλλά όταν κατάλαβαν πως ο λόγος της μεγάλης χαράς ήταν η τιμωρία...

Γι' αυτό και λέω: ποιός τιμώρησε ποιόν; Ποιός αυτοτιμωρήθηκε; Πού είναι η λογική συνέπεια τις αιτίας και του αποτελέσματος;

Γι' αυτό τρέφω μεγάλο σεβασμό στις πεταλούδες!...

Ποιος ξέρει;

Ταξίδι στα νότια

Στα νιάτα της, η Μάνια ήταν στρουμπουλή και αφράτη σαν το τσουρέκι. Είχε πλούσιο στήθος, στρογγυλούς γοφούς και λεπτή μέση. Όλη αυτή η ομορφιά στηρίζονταν πάνω στα γερά τορνευτά της πόδια.

Η Μάνια ήταν γλύκα. Οι άνδρες - γείτονες και συνάδελφοι - ξερογλείφονταν και ο καθένας ονειρευόταν να την φάει για πρωινό, μεσημεριανό ή βραδινό. Αλλά μόνο με τα μάτια. Η χώρα επιδίωξε την οικοδόμηση του κομμουνισμού και η λαιμαργία δεν ήταν αποδεκτή και κατακρίνονταν όπως και η εκδήλωση θαυμασμού μπροστά στο θέαμα της γυναικείας ομορφιάς. Αυτές οι τάσεις είχαν κατηγορηθεί ως ανήθικες και ανθυγιεινές και τα μυστικά της σεξουαλικής ζωής φυλάσσονταν σε επίπεδο κρατικών μυστικών.

Η Μάνια μεγάλωσε ως υπάκουο παιδί της μάνας της και δεν προσπαθούσε για την ώρα να λύσει αυτό το φοβερό μυστήριο. Εργάστηκε ως γραμματέας στο τμήμα πολιτισμού του δήμου, συμμετείχε σε ερασιτεχνικές παραστάσεις και ετοιμαζόταν να δώσει εξετάσεις στο Πανεπιστήμιο. Η ζωή, όμως, της είχε προετοιμάσει μια απρόσμενη έκπληξη. Ως έπαθλο για την εξαιρετική δουλειά και συμμετοχή στη δημόσια ζωή τής πρόσφεραν κουπόνι της εργατικής εστίας, ένα ταξίδι στο σανατόριο, από το οποίο παραιτήθηκε ο τμηματάρχης, που έπασχε από έλκος στομάχου. Το ταξίδι ήταν στα ιαματικά λουτρά, στη Γεωργία.

Γεωργία! Η Μάνια δεν είχε την παραμικρή ιδέα για τη Γεωργία. Όλες η γνώσεις της για τη Γεωργία περιορίζονταν στον γεωγραφικό άτλαντα και στο ποίημα του Μιχαήλ Λέρμοντοβ. "Ο Μτσίρο". «Πριν πάρα πολλά χρόνια, εκεί όπου ενώνονται με θορυβώδη αγκαλιά, σαν δύο αδελφές, τα ρεύματα της Αράγβας και της Κουρά, υπήρχε ένα μοναστήρι...» Το ποίημα διηγούνταν την ιστορία ενός ήρωα, που δε δίσταζε να αντιμετωπίζει τα δύσκολα. Για να πούμε την αλήθεια, υπήρχαν κάτι ασαφείς φήμες που μιλούσαν για αυστηρά τοπικά έθιμα και απότομο χαρακτήρα των ορεινών, αλλά η Μάνια τις θωρούσε ως ανάξιες λόγου. Δεκαπέντε σοσιαλιστικές δημοκρατίες - δεκαπέντε αδελφές - ζούσαν σαν ενωμένη και ευτυχισμένη οικογένεια και στην οικογένεια πώς μπορεί να προσβάλλει ο ένας τον άλλον;

Και όμως, όσο και να προσπαθούσε η νεαρή κομσομόλα και καλλονή να κάνει τη γενναία, υπήρχε ένα σημείο στο επερχόμενο ταξίδι της, που την ανησυχούσε: η αλλαγή τραίνου. Στην Τιφλίδα, όπου έφτασε με εξπρές τραίνο, έπρεπε να κατέβει, να πάρει το τραίνο της τοπικής γραμμής και να ταξιδέψει οκτώ ολόκληρες ώρες για να φτάσει στον προορισμό της. Αν όμως δε θα είχε τύχη; Αν δε θα υπάρχουν εισιτήρια ή καθόλου τραίνο εκείνη την ημέρα; Κι όμως, δεν υπήρχε άλλη επιλογή. Η Μάνια είχε καταλάβει πως με αυτό το ταξίδι άρχιζε η ενήλικη ζωή της. Μάζεψε μια τσάντα, τοποθέτησε, για λόγους ασφαλείας, στο σουτιέν χρήματα και έγγραφα, κρέμασε στο στήθος το σήμα της Κομσομόλ και ξεκίνησε για το ταξίδι.

Όσο πλησίαζε το τραίνο στην πρωτεύουσα της ηλιόλουστης Δημοκρατίας, τόσο πιο πολύ θρόιζαν τα πολύτιμα έγγραφα δίπλα στην καρδιά της καθώς ταλαντεύονταν σαν κύματα σε θυελλώδη νύχτα τρικυμίας. Πού να ψάξει για τρένο; Πώς να σφραγίσει με διάτρηση το εισιτήριό της; Δυσκολίες που ευτυχώς ξεπεράστηκαν εύκολα, και ανακουφισμένη και πιο θαρρετά, πήγε να βρει το τοπικό τραίνο.

Σε λίγο το βρήκε και μπήκε στο σκοτεινό βαγόνι, το γεμάτο με άσχημες μυρωδιές και μπλε καπνό από τα τσιγάρα. Το βαγόνι ήταν μισοάδειο, αλλά οι θέσεις δίπλα σε παράθυρα ήσαν πιασμένες από Γεωργιανούς, γερακομύτες άντρες με τεράστια κασκέτα "αεροδρόμιο" πάνω στα κεφάλια τους. Περιεργάζοντάς τη με θαυμασμό, πλατάγισαν τα χείλη τους, προτρέποντάς την να καθίσει δίπλα και τα κασκέτα άρχισαν να ταλαντεύονται σαν καταστρώματα των αεροπλανοφόρων, έτοιμα να προσγειώσουν το ιπτάμενο αεροσκάφος. Τι πρέπει να κάνει, άραγε; Να δεχτεί την πρόσκληση και να καθίσει;

Της φαινόταν σαν απρέπεια και σίγουρη ένδειξη πως είναι έτοιμη «για όλα». Με «όλα» εννοούσε το τρομερό μυστικό και τη λύση του στην οποία είχε σκοπό, κατά κάποιο τρόπο, να προχωρήσει.

Η ανακούφιση την περίμενε στο τελευταίο κουπέ, δίπλα στην τουαλέτα, που ήταν κάπως δύσοσμο, αλλά άδειο! Μόνο στο πάνω ράφι του, έχοντας τραβήξει το κασκέτο πάνω στα μάτια του, λαγοκοιμόταν ένας ντόπιος άντρας μεγάλης ηλικίας. Το απλό και οικείο, ελκυστικό παρουσιαστικό του και η απαλή μυρωδιά προβάτου, που προέρχονταν από τις μαλακές χειροποίητες μπότες του, ηρέμησαν τη Μάνια. Με ανακούφιση έπεσε κάτω στον κρύο μουσαμά του καθίσματος και ζάρωσε στη γωνία, σαν πεταλούδα πριν από χειμερία νάρκη. Το να μην προσελκύσει την προσοχή και να καταλαμβάνει όσο γίνεται λιγότερο χώρο, ήταν το μόνο που ήθελε εκείνη τη στιγμή.

Το τραίνο ξεκίνησε. Η Μάνια πήρε μια βαθειά ανάσα, απελευθερωμένη από τον φόβο της και ετοιμάστηκε να ανοίξει τα φτερά της, όταν κοντά της προσγειώθηκε μια εύσωμη ανδρική φιγούρα. Η φιγούρα έπεσε δίπλα, αν και το άλλο κάθισμα ήταν εντελώς άδειο! Αυτό δεν άρεσε καθόλου στη μικρή ταξιδιώτισσά μας.

- Στο θέρετρο πηγαίνεις! είπε χαρωπά ο άνδρας. Πηγαίνεις μόνη σου;

Η Μάνια κόλλησε στον τοίχο. Τι πρέπει να κάνει; Να

απαντήσει; Να κρατήσει σιγή ιχθύος; Η καρδιά της άρχισε να φτερουγίζει σαν σπουργίτι σφιγμένο στην παλάμη.

- Σίγουρα πηγαίνεις στο θέρετρο για πρώτη φορά! επανέλαβε με ικανοποίηση ο Γεωργιανός και μετακόμισε μια ίντσα κοντά.

Την κοιτούσε με τέτοιο θαυμασμό, λες και έβλεπε ένα πουλί του παραδείσου, που κατά λάθος πέταξε και μπήκε στο κοτέτσι.

- Για θεραπεία των εντέρων σου;

Ο γείτονας μετακόμισε ακόμα πιο κοντά, εισπνέοντας συναρπαστικές μυρωδιές από το υγιές δέρμα της νεαρής γυναίκας, της φθηνής πούδρας "Πούπουλο του κύκνου" και του αρώματος "Το ασημένιο μαγιολούλουδο" με το οποίο ευωδίαζε ολόκληρη η χώρα.

"Μαγιολούλουδο, μαγιολούλουδο, του φωτεινού Μαΐου χαιρετισμός..." βόγκηξε το ραδιόφωνο με τη φωνή της πασίγνωστης τραγουδίστριας Γελένας Βελικάνοβα.

- Γότσα! συστήθηκε ο συνταξιδιώτης και έγλειψε τα χείλη του. Γιατί θα πας τόσο μακριά; Είσαι τόσο νέα! Τόσο όμορφη! Στο θέρετρο τι θα κάνεις; Μακαρόνια να τρως; Κουρκούτι να τρως;

Ο Γότσα έκανε παύση, δίνοντας την ευκαιρία να αξιολογηθεί ό,τι είχε ειπωθεί και κινήθηκε ακόμα ένα εκατοστό πιο κοντά. Η Μάνια κουλουριάστηκε σαν τη γάτα και κόλλησε στον τοίχο: δεν υπήρχε άλλος τόπος πουθενά να υποχωρήσει.

- Έλα καλύτερα μαζί μου! Θα σε κάνω βασίλισσα! Σουβλάκια θα φας, κονιάκ θα πίνεις!

- Τι είναι αυτά που λες; Δεν ντρέπεσαι; ούρλιαξε, μη αντέχοντας άλλο, η Μάνια και για να σωθεί είπε ψέματα.

- Είμαι παντρεμένη γυναίκα!

- Παντρεμένη; δύσπιστα κούνησε το κεφάλι του ο γείτονας. Τόσο μικρή που είσαι; Αλλά, εάν είσαι παντρεμένη, δεν πειράζει. Δε μας ενοχλεί. Για μας είναι ακόμα καλύτερο! Τέτοιος τράγος είναι ο σύζυγός σου... Ένα τέτοιο όμορφο κορίτσι το αφήνει να πάει στο θέρετρο; Μόνο του; Όμως, αφού είναι τράγος ο σύζυγός σου, χρειάζεται και κέρατα! Άσε να τα κάνουμε! Μια φορά εσύ θα 'ρθεις σ' εμένα, άλλη φορά εγώ θα έρθω σ' εσένα. Χρυσά θα φοράς! Γούνες θα φοράς!

Έγειρε τόσο κοντά, που της έκαιγε το μάγουλο η καυτή αναπνοή του και τα μουστάκια γαργάλιζαν το αυτί της. Η Μάνια ήθελε να πει κάτι σκληρό και προσβλητικό, αλλά οι λέξεις κόλλησαν στον λαιμό σαν ζεστό κουβάρι – ούτε να το καταπιείς, ούτε να το φτύσεις. Της έρχονταν κλάματα.

Ο γείτονας, εν τω μεταξύ, χαλάρωσε την πίεση. Σαν μια βδέλλα, που ρούφηξε το αίμα, άφησε το θύμα του και την κοίταξε με θαυμασμό.

- Όμορφη! Ορκίζομαι! Ορκίζομαι ότι τόσο όμορφη γυναίκα δει είχα δει ποτέ! Ένα τέτοιο σχήμα προσώπου. Τι μάτια! Και τέτοιον κώλο!

- Ντροπή σου! κοκκίνισε η Μάνια. Τι είναι αυτά που λες;

- Γιατί ντροπή; Γιατί να ντρέπεσαι; Πρέπει να είσαι υπερήφανη γι' αυτά! Να τα χαίρεσαι! Να κρύβεις τέτοια προσόντα; Δεν είναι αμαρτία; Τσα-τσα-τσα...

Το πρόσωπο της Μάνιας έπιασε φωτιά, τα δάκρυα άρχισαν να βράζουν και ατμοί έβγαιναν από τα μάγουλά της. Γιατί; Γιατί πρέπει να ακούει όλα αυτά; Ποιός θα τη βοηθήσει;

Με τα μάτια γεμάτα δάκρυα κοίταξε τον γείτονα στο πάνω ράφι. Έχοντας σπρώξει το κασκέτο από το πρόσωπό του, ο γέρος έριξε μια αυστηρή ματιά στον Γότσα και είπε κάτι σύντομο και απειλητικό.

Τον Γότσα, λες και τον πήρε ο άνεμος. Απλώς εξαφανίστηκε εν ριπή οφθαλμού, εξατμίστηκε σαν τα δάκρυα από τα μάγουλα της Μάνιας.

- Αυτός δε θα ξανάρθει. Κάθισε ήσυχα, μη στενοχωριέσαι.

- Αλήθεια;

Η Μάνια δεν μπορούσε να πιστέψει στην τύχη της.

- Δε θα έρθει; ξαναρώτησε.

Με ανακούφιση σκούπισε τα δάκρυά της και κοίταξε τον γέρο, γεμάτη ευγνωμοσύνη.

- Σας ευχαριστώ! Με όλη μου την καρδιά! Και τι είναι αυτό που του είπατε;

- Έλα τώρα, κορίτσι, χαμογέλασε πονηρά ο Γεωργιανός. Είναι κάτι που δε χρειάζεται να το μάθεις. Κάθισε ήσυχα και μην ανησυχείς καθόλου.

Τις υπόλοιπες ώρες του ταξιδιού η Μάνια σκεφτόταν το συμβάν. Πόσο άσχημος ήταν ο Γότσα και πόσο ευγενής ο γέρος. Τι είπε, άραγε, σ' αυτόν; Γιατί ο Γότσα εξαφανίστηκε χωρίς να πει μια λέξη; Έβαζε στο νου της κάτι δυνατό για την τιμή της γυναίκας και τον ανδρισμό των ορεινών. Φυσικά! Οι κάτοικοι των βουνών είναι αξιοπρεπείς άνθρωποι. Ο γέρος Γεωργιανός της φαινόταν σαν ένας νέος Μτσίρο, ένας ήρωας δυνατός, ατρόμητος ιππότης, που υπερασπίστηκε την τιμή της.

Το τραίνο έφτασε στον τελικό σταθμό.

Ο γείτονας πήδηξε από το πάνω ράφι και πήρε τη βαλίτσα του.

- Σας ευχαριστώ και πάλι, καλέ μου άνθρωπε! Τι θα έκανα χωρίς εσάς; Το μόνο που δεν μπορώ να καταλάβω, τι είναι μαγικό που του είπατε;

Η Μάνια πέθαινε από περιέργεια.

- Δε θα σου το πω ποτέ, χαμογέλασε ο γέρος. Μη ρωτάς.

- Αχ, σας παρακαλώ! η Μάνια είχε βάλει μπρός όλη τη γοητεία της. Πέστε μου! Εμείς τώρα θα βγούμε από το βαγόνι και δε θα ιδωθούμε ποτέ! Τι σας πειράζει;

- Θα σου πω... Εντάξει. Μόνο που θα το μετανιώσεις.

- Δεν πειράζει! Εσείς πέστε το!

Η Μάνια με τον γέρο βγήκαν από το βαγόνι.

- Ακόμα επιμένεις;

- Ναι, ναι!

- Του είπα: φύγε από 'δω. Αυτός ο κώλος είναι δικός μου...!

Το Γαλάζιο Πουλί

«Πώς ήθελα να έχω ένα και δυο,
και τρία και τέσσερα παιδιά...»

Ήταν τα δύσκολα χρόνια τις περίφημης Περεστρό-ικας. Τα μαγαζιά ήσαν άδεια. Από τα ράφια εξαφανί-στηκαν ακόμα και τα είδη της πρώτης ανάγκης. Για τρό-φιμα, ούτε λόγος.

Με την πάροδο του χρόνου, οι άνθρωποι άρχισαν να ξεχνούν με τι μοιάζει το κοτόπουλο. Μερικές φο-ρές - πολύ σπάνια! - στα καταστήματα εμφανιζόταν το «γαλάζιο πουλί». Όνειρο. Ακατανόητο και άπιαστο, σαν το παραμύθι του Μέτερλινκ. Τα κοτόπουλα αυτά, που, πιθανώς είχαν πεθάνει από ασιτία, ήταν μπλε σαν τον ουρανό. Εκεί στον ουρανό, μπορεί να φαίνονταν ωραία, με πούπουλα και φτερά. Στη βιτρίνα, όμως... Η όψη τους οστεώδης, σε μέγεθος γροθιάς, λείψανου με μακριά πό-δια και υπερβολικά μακρύ λαιμό κύκνου, προκαλούσε συμπόνια αντί για όρεξη, αλλά και αυτό το πουλί δεν ήταν εύκολο να αποκτηθεί.

Αργά το βράδυ.

Στο μπακάλικο, που άστραφταν από καθαριότητα οι κενές βιτρίνες, μπήκαν δύο νεαροί άντρες, εργάτες ντυ-μένοι με φόρμες εργασίας, ο ένας ξανθός και ο άλλος με-λαχρινός. Ήσαν νέοι, γεροί και δυνατοί με ροδοκόκκινα μάγουλα και πεινασμένα μάτια. Κοίταξαν πέρα από την αίθουσα. Και τι βλέπουν; Το υπέροχο θαύμα! Το όνειρο του παραμυθιού. Το γαλάζιο πουλί!

-Κοίτα, Αλέξη, κοτόπουλα! φωνάζει ο ξανθός και δύσπιστα τρίβει τα μάτια του. Να τα πάρουμε;

-Φυσικά! ενθουσιάζεται ο άλλος. Πάρε δύο, και τρία.. και τέσσερα... Τα κορίτσια στην εστία γρήγορα θα τα ψήσουν...

-Παιδιά, τα κοτόπουλα είναι για τους πολύτεκνους, τους έκοψε τη φόρα η πωλήτρια.

- Τι θα πει αυτό;

-Είναι για εκείνους που έχουν από τρία παιδιά και πάνω.

Ο ξανθός κουνάει το κεφάλι απογοητευμένα και λέει στον φίλο του:

- Ω, ρε, κατακαημένε Αλέξη! Τι μας βρήκε! Δηλαδή, τώρα εμείς πρέπει να πάμε στις γυναίκες και να αναστενάζει το κρεβάτι μας για κάνα τρία – τέσσερα χρόνια για να φάμε αυτές τις κότες;

-Και εγώ... Αχ, πόσο ήθελα να έχω ένα και δυο και τρία και τέσσερα παιδιά...

Και γέλιο και αμαρτία

Στα χρόνια του σοσιαλισμού η παραγωγή των γεωργι-
κών προϊόντων έπεσε κατακόρυφα. Στα περίφημα κολχόζ
η παραγωγικότητα της εργασίας ήταν μηδενική. Η σοδιά,
όμως έπρεπε να σοδιάζει. Γι' αυτό στα κολχόζ έστειλαν
στρατιές από τζάμπα εργαζόμενους: τους φαντάρους,
φοιτητές, δάσκαλους, γιατρούς, κάθε λογής υπαλλήλους.
  Καθίσαμε στην άκρη ενός χωραφιού με πατάτες.
Τα πράσινα αυλάκια απλώνονταν μέχρι τον ορίζοντα.
Πάνω σε αυτά, αργά και νωθρά κινούνταν οι φοιτήτριες
του παιδαγωγικού τμήματος. Έψαχναν, σκαλίζοντας το
χώμα, τις πατάτες, τις μάζευαν και τις έβαζαν στα τσου-
βάλια. Οι στρατιώτες της στρατιωτικής μονάδας, που
είχαν έρθει χιλιάδες χιλιόμετρα μακριά, από της όχθες
της λίμνης Μπαϊκάλ, φόρτωσαν τα τσουβάλια πάνω
σε στρατιωτικά φορτηγά. Οι μακροπόδαροι πελαργοί,
εκμεταλλευόμενοι την περίπτωση, έπιαναν τα χοντρά
σκουλήκια της βροχής και κυνηγούσαν βατράχια και
εμείς, οι εκπαιδευτικοί, πραγματοποιούσαμε τη γενική
καθοδήγηση. Η εικόνα αυτή ονομάζονταν "η μάχη για
τη συγκομιδή". Παλέψαμε για τη μάχη αυτή κοντά έναν
μήνα και άκρη ακόμα δεν βγάζαμε.
  -Άντε, φύγε από εδώ! είπε η Λούση και κούνησε απει-
λητικά το χέρι της στον πελαργό. Για δες τον, σουλατσά-
ρει εδώ, ο μακρομύτης!
  - Τι σου κάνει και τον διώχνεις;

- Πώς να μην τον διώξω; Αφού είναι πελαργός! Πέρυσι, τέτοια εποχή όλο χορεύανε γύρω από τις φοιτήτριες και τους φαντάρους. Και την άνοιξη, μας έφεραν ένα αληθινό μωρό στην τάξη των τελειοφοίτων. Φύγε, είπα!

Οι φαντάροι είχαν φορτώσει το αυτοκίνητο με τσουβάλια και τα οδήγησαν στην «Αποθήκη της Πατρίδας» η οποία βρίσκονταν σε κοντινή απόσταση και δεν ήταν τίποτα παραπάνω από έναν ερειπωμένο αχυρώνα με γκρεμισμένη σκεπή και σάπιους τοίχους. Όλο το φθινόπωρο οι πατάτες ποτίζονταν με βροχές, μετά πάγωναν τον χειμώνα και την άνοιξη πήγαμε στις αποθήκες για να βγάλουμε έξω τη μαύρη, βρωμερή και νερουλή λάσπη, στην οποία μετατράπηκε συγκομιδή. Την όλη επιχείρηση εμείς ονομάζαμε, χαϊδευτικά, "Αγρόκτημα Μάταιη εργασία".

Η εργασία τελείωσε. Περιμένοντας το λεωφορείο, οι μαθήτριες είχαν σωριαστή στα αυλάκια. Με τη Λούση πήγαμε και καθίσαμε πάνω από ένα σωρό φύλλων πατάτας και γυρίσαμε τα πρόσωπα μας στις ακτίνες του ήλιου που έδυε.

- Τι ωραία που είναι στην εξοχή! παραδέχθηκε η Λούση. Τόση ευρυχωρία, τόση ησυχία! Τι ουρανός είναι αυτός! Τι αέρας!

Τώρα μια χαρά είμαστε. Μόνο το φθινόπωρο μας πάνε στο κολχόζ. Παλιά και τα καλοκαίρια μας οδηγούσαν, σαν τα κατσίκια, στα χωράφια. Το σύνθημα ήταν, θυμάσαι; "Το κόμμα είπε «πρέπει» η κομσομόλ απάντησε «ναι!». Ξέρεις πώς τότε ονομάζανε τους διανοούμενους; Σάπια διανόηση! Μας θεωρούσαν οπισθοδρομικούς, αντίθετα με την εργατική τάξη, η μόνη που θεωρούνταν προοδευτική. Και, αφού είναι σάπια έτσι και αλλιώς, ας κάνει κάτι χρήσιμο, να βγάλει καμιά πατάτα από το έδαφος. Κανείς δε ρωτούσε αν θέλεις να πας ή δε θέλεις. Για την αμοιβή ούτε λόγος, όπως και τώρα. Θυμάμαι κάτι περιστατικά απίθανα. Μια φορά έστειλαν στο κολχόζ μια ομάδα επιστημόνων από ένα ερευνητικό κέντρο ατομικής ενέργειας. Όλοι ήσαν επιστήμονες διεθνούς επιπέδου, διδάκτορες. Την πατάτα, όμως δεν την ξέρουνε να τη βγάλουν. Γέλια που έκαναν οι χωρικοί μαζί τους! Ένας παππούς που με το ζόρι έβγαλε δύο τάξεις δημοτικού να τους δίνει διαταγές! Να τους βρίζει για την κακή απόδοση! Ανάμεσά τους ήταν ένας εντελώς άσχετος, προφέσορας φυσικής στο τμήμα πυρηνικής ενέργειας. Το μόνο που είχε στο κεφάλι του, ήταν η επιστήμη. Ακόμα στα χωράφια έβγαινε με το σημειωματάριο στην τσέπη και κάθε ελεύθερη στιγμή έκανε τους υπολογισμούς του. Αλλά τι να τους κάνεις τους υπολογισμούς της διάσπασης του ατόμου πάνω στο κοτέτσι; Τα αυγά πρέπει να τα μαζέψεις, όχι να καθίσεις πάνω σε αυτά! Το καρότο από την πατάτα δεν ξεχώριζε, την κατσίκα από το πρόβατο. Τίποτα! Ήταν ένα κινητό ανέκδοτο στο χωριό μας. Όλο και προκαλούσε κάποια ζημιά. Πού να τον στείλουν; Τελικά βρήκαν λύση. Έστειλαν τον άχρηστο στις αγελάδες, ως βοηθό του βοσκού. Και, αφού και πάλι δεν ξεχώριζε την αγελάδα από το μοσχάρι και μια φορά, θέλοντας φιλότιμα να φανεί χρήσιμος και να μάθει κάτι από αγροτικές δουλειές, επιχείρησε να αρμέξει τον ταύρο, κατάλαβαν πως ο άνθρωπος είναι επικίνδυνος. Αποφάσισαν να τον αφήσουν στην ησυχία του. Το πρωί έβγαινε κανονικά με τις αγελάδες. Στον βοσκότοπο τον βάλανε κάπου κάτω από μια βελανιδιά με το σημειωματάριο του και το μόνο που του εμπιστεύονταν ήταν να πεταχτεί μέχρι το μαγαζί για κάνα μπουκάλι κρασί.

Εμένα, όμως, μου άρεσε στο χωριό! Ήμασταν νέες τότε, ζωηρές κοπέλες και μόλις είχαμε αποφοιτήσει από το ινστιτούτο. Τι πλάκα είχαμε! Τι γέλιο!

Θυμάμαι, μια φορά μας πήγαν στο χωριό που λεγόταν «Η Ζέστη». Τι όνομα είναι και αυτό! Μόνο που τη ζέστη δεν τη είχαμε δει καθόλου: ή βροχή, ή άνεμος. Και πάλι καλά ήταν! Ποια χρονιά ήταν, άραγε; - η Λούση μπήκε σε σκέψεις. Τόσα χρόνια πέρασαν! Τότε, θυμάμαι, εμφανίστηκαν στην αγορά κάτι αδιάβροχα, που τα λέγανε «μπολόνια» και ήταν πολύ στη μόδα. Ο κόσμος

τρελαινόταν για αυτά. Πού, όμως, να τα βρεις; Στη μαύ-
ρη αγορά ήσαν πανάκριβα, γι' αυτό δεν εμφανίζονταν
ποτέ στα καταστήματα. Από τις αποθήκες των κρατικών
καταστημάτων πήγαν, απευθείας, στη μαύρη αγορά. Τα
αδιάβροχα αυτά ήσαν ένα όνειρο! Ήσαν τόσο λεπτά,
που θα μπορούσε κανείς να τα χώνει μέσα στην παλάμη
του. Τώρα δε φτιάχνουν τέτοια. Εκείνο το καλοκαίρι μας
έστειλαν στα μπιζέλια. Η διαδικασία ήταν απλή: περπα-
τάς κατά μήκος του αυλακιού, τραβάς τα φυτά με τις ρί-
ζες προς τα έξω και τα βάζεις σε ρολά. Και μετά έρχεται
τρακτέρ και τα μαζεύει. Εκμηχάνιση!

Τα μπιζέλια είναι πεντανόστιμα! Πώς να αντισταθείς;
Από το πρωί μέχρι το βράδυ τα τρώγαμε. Λοιπόν, το
βράδυ, ξέρεις τι γίνεται. Ένας θάλαμος αερίων. Κάποια
κοπέλα μια τέτοια ομοβροντία θα τη ρίξει μες τη νύχτα,
που οι άλλες θα πέσουν από τις κουκέτες. Και το γέλιο
και η αμαρτία μαζί.

Μόνο που δεν ήταν καιρός για γέλια. Τα πράγματα
ήσαν σοβαρά.

Το συνέδριο του Κομμουνιστικού κόμματος ανακοί-
νωσε εκστρατεία εναντίον της κλοπής της σοσιαλιστικής
ιδιοκτησίας. Ιδιαίτερο βάρος δίνανε στην περίοδο της
συγκομιδής. Παντού στις διασταυρώσεις βάλανε μπλοκ
αστυνομίας, ψάχνανε στα λεωφορεία και στα αυτοκίνη-
τα. Μόνο τις τσέπες μας δε γυρίζανε από την ανάποδη.
Οι τοίχοι γέμιζαν πλακάτ με την έκκληση, ώστε να μην
κλαπεί τίποτα. Και στο χωράφι κάθε μέρα ερχόταν κά-
ποια στελέχη του κόμματος για να εξηγήσουν τις πολιτι-
κές του. Όλο μας καλούσαν σε επαγρύπνηση, ταξική συ-
νείδηση, αποτελεσματική εργασία και να μην κλέβουμε
τίποτα από τα χωράφια.

Μια μέρα βλέπουμε – ούτε ένα, ούτε δύο, αλλά τρεις
κινητήρες να σταματάνε στο χωράφι μας: μια μοτοσι-
κλέτα της αστυνομίας, ένα τζιπ του προέδρου του κολχόζ
και μια λευκή «Βόλγα». Της περιφερειακής επιτροπής
του Κόμματος!

Ρίξαμε κάτω τα μπιζέλια. Βλέπουμε, να βγαίνει έξω από το «Βόλγα» ένας νεαρός ινστρούχτορας. Μα τι είναι αυτό; Κούκλος απίθανος! Μοντέλο! Λες και βγήκε από το εξώφυλλο ενός περιοδικού. Για τα διοικητικά στελέχη του Κόμματος άσχημους δεν προσλάβανε. Επιλέχθηκαν σαν τα σκυλιά για την έκθεση: για να έχουν «καθαρό» το γενεαλογικό τους δέντρο και πλούσια εξωτερικά προσόντα. Και έτσι πηγαίνει προς το χωράφι μας πεντακάθαρος, χτενισμένος με την τελευταία λέξη της μόδας και δεμένος το αδιάβροχο «μπολόνια» αστραφτερού ασημί χρώματος. Από μακριά μυρίσαμε και το γλυκό άρωμά του, το «Σίπρ» που ήταν πολύ της μόδας και αυτό. Μας πλησίασε και, μόλις είδαμε πώς κυκλοφορεί ανάμεσά μας αυτό το όμορφο παλικάρι, από τη χαρά κινδυνέψαμε να χάσουμε τα αέρια που κρατούσαμε με το ζόρι. Η Σόνια, η επί κεφαλής της ομάδας, μας έδειξε με απειλητικές γκριμάτσες τη γροθιά της: κρατηθείτε, καθάρματα, μη με ντροπιάστε μπροστά στους ανωτέρους μας. Λοιπόν, σφιχτήκαμε, όσο μπορούσαμε. Υιοθετήσαμε ένα σοβαρό ύφος που άρμοζε την περίπτωση, ενώ δεν μπορούσαμε να αποσπάσουμε τα μάτια μας από τον ινστρούχτορα. Πού βρήκανε μια τέτοια ομορφιά;

Μιλάει τόσο όμορφα! Ας πάνε στον διάβολο τα μπιζέλια. Θα περιμένουν! Μας τραβούσε η ομιλία του, σχετικά με το συνέδριο του κόμματος, που κήρυξε την καταπολέμηση της κλοπής ως το βασικό καθήκον της στιγμής.

- Για να μην χαθεί ούτε ένα στάχυ! Ούτε μία πατάτα! Ούτε ένα λάχανο δεν πρέπει να χάνεται στον δρόμο από το χωράφι. Όλη η συγκομιδή θα πάει στις αποθήκες της πατρίδας!

Ο άνεμος φυσούσε δυνατός και εμείς κρυώναμε. Και αυτός, ακριβώς αντίθετα, ζεστάθηκε από την ομιλία του.

Ξεκούμπωσε το αδιάβροχό του, το άνοιξε και ο άνεμος το φούσκωνε σαν καραβόπανο, λες και θα πλέει τώρα ολοταχώς, σαν τη βάρκα στη θάλασσα. Για να ψαρέψει ανθρώπινες ψυχές, τέτοιες σαν εμάς, που στεκόμαστε με τα στόματα ανοιχτά μπροστά του, έτοιμες να τον ακολουθήσουμε. Ξαφνικά κούνησε τα χέρια του σαν μαέστρος μπροστά από την ορχήστρα, και έβγαλε μια φωνή:

- Εμπρός! Για το Κομμουνιστικό κόμμα της Σοβιετικής Ένωσης! Για τη νίκη του κομμουνισμού...!

Μόνο που αυτή τη φορά ο άνεμος φύσηξε απότομα. Άνοιξε το αδιάβροχό του, το σήκωσε επάνω του και το πέταξε στο κεφάλι του ινστρούχτορα. Και στέκεται αυτός τυλιγμένος στο αστραφτερό ασημί αδιάβροχο σαν ένα προφυλακτικό και δεν μπορεί ούτε το χέρι του να κουνήσει. Εκείνη τη στιγμή εμφανίστηκαν στην κοινή θέα οι εσωτερικές τσέπες του αδιάβροχού του, που δε σηκώθηκαν από ριπή του αέρα. Επειδή ήσαν βαριές. Οι τσέπες ήσαν ασφυκτικά γεμάτες από μπιζέλια! Μόλις το είδαμε, βγάλαμε ένα «αχ!» και αμέσως απελευθερώσαμε τα αέρια που με το ζόρι κρατούσαμε κατά τη διάρκεια της ομιλίας. Λοιπόν, αυτό το βλακόμετρο πρώτα σταμάτησε στην άκρη του χωραφιού, γέμισε τις τσέπες με αρακά και στη συνέχεια ήρθε για να εκφωνήσει το κάλεσμα για επαγρύπνηση και τιμιότητα. Ύστερα από την εκκωφαντική ομοβροντία αερίων επικράτησε τέτοια σιωπή στο χωράφι! Κανείς δεν ήξερε τι να πει.

Τέλος, ο Πρόεδρος διατήρησε την ψυχραιμία του.

- Λοιπόν, σύντροφοι και συντρόφισσες, είπε, έχετε καταλάβει την κομματική πολιτική σε αυτό το στάδιο;

- Μάλιστα!

Και πώς δε θα το 'χαμε καταλάβει;!

Ζήτω τα βλακόμετρα!

Ένα Πρωτοχρονιάτικο πάρτι

Κάποτε δούλευα στην Παιδαγωγική Ακαδημία, στη μικρή πόλη του Ποκρόβ. Είχαμε ένα έθιμο: την παραμονή της πρωτοχρονιάς κάναμε στην Ακαδημία ένα γλέντι, ένα ξέφρενο πάρτι με χορούς και τραγούδια, με πολύ γέλιο και, φυσικά, με πλούσιο τραπέζι.

Τις προετοιμασίες τις αρχίσαμε μήνες πριν, όπως οι Βραζιλιάνοι με το καρναβάλι τους.

Τα τραπέζια φορτωμένα με φαγητά και κρασί, λύγισαν από το βάρος τους, το παρκέ έτριζε από τον χορό και εκρήξεις γέλιου διαπερνούσαν τα πατώματα.

Ομολογώ σαν μια παλιά αμαρτία: μας άρεσε να κοροϊδεύουμε το ισχυρό φύλο. Αλλά το κάναμε πολύ όμορφα. Χωρίς να προσβάλλουμε κανέναν ή να τους θίξουμε τον ανδρικό τους εγωισμό. Για παράδειγμα, διοργανώσαμε αγώνα με ρίψη σε απόσταση του... πούπουλου από κοτόπουλο!

Με αυστηρούς κανόνες, διαιτητές και για πολυπόθητο βραβείο στον ορίζοντα, ένα μεγάλο μπουκάλι κονιάκ.

Χωριζόμαστε σε ομάδες, επιλέγαμε τους πιο όμορφους, τους βάζαμε πάνω σε μια καρέκλα, και τους στολίζαμε σαν Χριστουγεννιάτικο δέντρο - με το αστέρι στο μέτωπο, πούλιες στα χέρια και χρυσόσκονη στον ποπό, με αστραφτερές μπάλες στα αυτιά, στη μύτη και στις κουμπότρυπες των παντελονιών τους, σε στυλ μπουτονιέρας.

Ιστορία, που θα πω, συνέβη σε ένα τέτοιο πάρτι.

Όλα πήγαν ρολόι.

Ήδη είχαν ειπωθεί οι καθιερωμένες προπόσεις, έγιναν οι προγραμματισμένοι ανταγωνισμοί, αλλά δεν ησυχάσαμε. Κουρασμένοι και ξαναμμένοι από τον χορό, όλοι χυθήκαμε στον δροσερό διάδρομο και συγκεντρωθήκαμε δίπλα στα ανοιχτά παράθυρα. Ακούστηκαν τα ανέκδοτα, γέλια, αστεία...

Τότε μου ξέφυγε. Είπα κάποιο δηλητηριώδες αστείο για τους γιατρούς.

- Πω πω, φαρμακόγλωσση! προσβλήθηκε ένας από τους καλεσμένους. Έτυχε να είναι γιατρός.

-Και τι είναι οι δάσκαλοι; Καλύτεροι; είπε. Προχτές ο γιος μου έρχεται σπίτι από το σχολείο και τι λέει για τη δασκάλα του;

Και άρχισε η διαμάχη. Μου λέει ένα, εγώ του λέω - δύο. Μου είπε «Αχ, μάζεψε τη γλώσσα σου!» του είπα «Αχ, μάζεψε τη μύτη σου».

Η μύτη του ήταν πράγματι εξαιρετική. Εκείνος λέει για την καντίνα του σχολείου, εγώ λέω για την τουαλέτα του νοσοκομείου, εκείνος για τη δασκάλα κακίστρα, εγώ για την αδέξια γιατρίνα. Παρά τρίχα να πιαστούμε στα χέρια! Τότε μου ξέφυγε αυτό!

Για να πούμε την αλήθεια, εγώ δεν έφταιγα σε τίποτα. Απλώς πάλευε μέσα μου η «γαλλική» σαμπάνια εμφιαλωμένη στην τοπική εταιρεία εμφιάλωσης με το «ουίσκι» αγνώστων στοιχείων ζυμωμένο στο εργοστάσιο τροφίμων της πόλης μας. Και το ουίσκι και τη γατοτροφή «wiskas» τα έφτιαχναν στο ίδιο τμήμα. Ίσως μπέρδεψαν τα συστατικά...

Έτσι, λέω την επίμαχη φράση.

Και βασίλεψε η σιωπή.

Ο γερακομύτης το αντιμετώπισε σοβαρά. Σιωπηλά κατάπιε την προσβολή και έριξε πάνω μου το διαπεραστικό βλέμμα του γιατρού.

- Καλά, θα σου δείξω μια μέρα, γλωσσοκοπάνα. Θα συναντηθούμε οι δυο μας και θα τα πούμε...

- Ω! Συγγνώμη, κιόλας, αλλά εμείς οι δυο που ακριβώς θα συναντηθούμε;
- Στο ιατρείο μου. Θα 'ρθεις μια μέρα και θα τα πούμε.
- Χα-χα-χα! Και ποιας ειδικότητας, αν επιτρέπετε, είστε; Εκτός αν το κρατάτε μυστικό!
- Γιατί μυστικό; Είμαι δερματολόγος- αφροδισιολόγος, απάντησε περήφανα ο γιατρός.
- Αχ, δεν μπορώ! Θα σκάσω! Με συγχωρείτε, αλλά πιστεύω πως μια χαρά βολεύομαι χωρίς τις υπηρεσίες σας!
- Είσαι σίγουρη; Καλύτερα μην παίρνεις όρκο...
Η κουβέντα αυτή συνέβη στις τριάντα Δεκεμβρίου. Το επόμενο πρωί ξυπνάω, πηγαίνω, ως συνήθως στο μπάνιο... και παγώνω στο κατώφλι.

Μέσα από τον τεράστιο καθρέφτη, ντυμένη όμως στη δική μου ρόμπα, με κοιτάει μια εντελώς άγνωστη κυρία. Και δεν είναι καν κυρία. Απλώς ένα άγνωστο στην επιστήμη υβρίδιο.

Το ήμισυ του προσώπου, αν θα κοιτάζεις προσεκτικά, θα μπορούσε να περάσει για το δικό μου. Αλλά το άλλο μισό, παρίστανε το ρύγχος ενός χαριτωμένου, μικρού ροζ γουρουνιού. Για χοίρο δεν είναι και άσχημο.

Ένα μικρό ματάκι γυαλίζει μέσα από τις πτυχώσεις του δέρματος. Η μύτη σαν ρύγχος. Μου ήρθε να γρυλίζω.

Από άποψη συμπεριφοράς, εντάξει. Συμπεριφέρθηκα ως γουρουνίτσα. Αλλά είναι τόσο προσβλητικό και άδικο! Πώς μπορώ να πάω στο γκαλά Πρωτοχρονιάς; Στη Λέσχη των αξιωματικών;!

Στο δευτερόλεπτο ντύθηκα, έβαλα στο πρόσωπο μια πετσέτα και γυαλιά ηλίου, έσπευσα στην κλινική, και, για καλή μου τύχη, βρήκα τον οφθαλμίατρο στη θέση του.

Ευχαριστημένη, ξετυλίγω τη πετσέτα για να του δείξω την τρομερή ομορφιά μου. Σώθηκα!

- Δυστυχώς, έχετε έρθει σε λάθος ιατρείο, είπε ο γιατρός.
Τι ψυχρολουσία ήταν αυτή!
- Έχετε αλλεργική επιπεφυκίτιδα. Θα πρέπει να πάτε στον δερματολόγο - αφροδισιολόγο...

Καλύτερα θα με έστελνε στον διάβολο...!

Γιατί δεν ξέρω τι είναι καλύτερα για μένα: ή να βάλω το κεφάλι μου στο ικρίωμα ή στα σαγόνια μιας τίγρης ή να μπω στο γραφείο του...

Μόνο που δεν είχα πολλές επιλογές.

Όταν εμφανίστηκα στο γραφείο του γερακομύτη, ο ίδιος ξέσπασε σε τέτοιο γέλιο ώστε άρχισαν να κουδουνίζουν τα στολίδια πάνω στο χριστουγεννιάτικο δέντρο στην αίθουσα αναμονής.

Εντελώς ανήθικο, ξεδιάντροπο γέλιο - για πείτε, πώς μπορεί ο γιατρός να γελοιοποιεί τους αρρώστους; Αντηχούσε στους άδειους διαδρόμους της κλινικής.

Ενθυμούμενος το καθήκον του γιατρού, σταματούσε για λίγο και φούσκωνε τα μάγουλά του, προσπαθώντας να πνίξει αυτό το ανάρμοστο γέλιο, αλλά όταν με κοίταξε άρχισε να γελά σαν το βαρβάτο άλογο, που είδε για πρώτη φορά τη φοράδα. Χάρηκα για λογαριασμό του. Δεν μπορεί η κάθε μέρα να είναι τόσο διασκεδαστική!...

Με θλιμμένο πρόσωπο περιμένοντας τις εξελίξεις, έσφιξα τα δόντια και δάγκωσα τη γλώσσα, για να μη μου ξεφύγει καμιά κουβέντα. Τι σου έλεγα για τους γιατρούς; Ποιός είχε δίκιο; Έχει μια ασθενή στο γραφείο και γελά σαν τρελός...

Η έκρηξη γέλιου, επιτέλους, σταμάτησε. Πήρε το ιστορικό μου. Με κοίταξε και αναστέναξε με λύπη.

- Θα ήθελα πολύ να σε βοηθήσω, αλλά δυστυχώς...

Πάγωσα. Το μάτι μου δάκρυσε. Η μύτη μου έσταξε.

- Οι ιατρικές υπηρεσίες μας, όπως πολύ σωστά χθες - ή μάλλον, σήμερα — είπες, είναι αδύναμες... γενικά πολύ κακές.

- Γιατί; Είναι καλές!

- Οι γιατροί εδώ είναι αδέξιοι...

- Γιατί ; Είναι πολύ επιδέξιοι! Οι σοβιετικοί γιατροί - οι καλύτεροι γιατροί του κόσμου!

- Αλήθεια; Και γιατί μου φαίνεται πως κάτι άλλο ακούστηκε;

Έχοντας ευχαριστηθεί με το θλιμμένο πρόσωπό μου, επιτέλους χαλάρωσε και, τέλος, χαμογέλασε.

- Εντάξει, γλωσσού. Μη ανησυχείς! Κάτι θα κάνουμε. Θα σου δώσω μια καλή αλοιφή, σταγόνες, χάπια - το βράδυ θα είσαι σαν το φρέσκο αγγουράκι.

Ο γιατρός δεν έπεσε έξω: το βράδυ της πρωτοχρονιάς, ήμουν πραγματικά σαν ένα αγγουράκι. Ντυμένη με μεταξωτό φόρεμα ανοιχτού πράσινου χρώματος, με χρυσή μάσκα και ασημί πέδιλα...

Ο καβαλέρος μου, πράσινος, λόγο επίσημης στολής και αυτός, κουδούνιζε με τα μετάλλιά του σαν σκύλος σε επίδειξη και κούναγε το μουστάκι του, ψιθυρίζοντας στο αυτί μου κομπλιμέντα.

Μετά χωριστήκαμε από τον παλιό χρόνο, με πολύ θόρυβο υποδεχτήκαμε τον καινούριο και βγήκαμε στο δροσερό χολ. Φωνές, γέλια και ανέκδοτα γέμισαν τον χώρο... "Έρχεται ένας μαθητής στο σχολείο και ο δάσκαλος του λέει..." ακούστηκε κάπου από το παράθυρο. Εγώ, ως συνήθως, τέντωσα τα αυτιά μου και άνοιξα το στόμα, έτοιμη να υπερασπίσω την τιμή των δασκάλων. Και αμέσως το έκλεισα. Αποφάσισα αυτή τη φορά να δείξω σωφροσύνη και να κάνω μια έρευνα, κοιτάζοντας πιο κοντά τα διάσημα του ομιλητή. Και καλά που το έκανα. Ο αξιωματικός που ανακοίνωσε το ανέκδοτο, ήταν των αρμάτων μάχης!

Αποφάσισα σοφά ότι αυτή τη φορά, καλού-κακού, να αποφύγω τις λογομαχίες. Η γλώσσα κόκκαλα δεν έχει και κόκκαλα τσακίζει.

Καλύτερα να τον αφήσω ήσυχο. Μη του πάω κόντρα. Τι θα γίνει, άραγε, αν θα συναντηθούμε τυχαία κάπου στο πολύγωνο...;

Γενέθλια του καθηγητή

Ιατρική σχολή του Πανεπιστημίου.

Στο Τμήμα Οφθαλμολογίας οι φοιτητές γιορτάζουν την επέτειο του αγαπημένου τους καθηγητή. Του έχουν ετοιμάσει μια ευχάριστη έκπληξη: μια πολύχρωμη εφημερίδα τοίχου, αφιερωμένη στον βίο του καθηγητή. Στο κέντρο της τοποθέτησαν μια φωτογραφία-κολάζ, που παριστάνει ένα τεράστιο ανθρώπινο μάτι, αλλά στο εσωτερικό του ματιού, στη θέση της κόρης του οφθαλμού έβαλαν την φωτογραφία του καθηγητή. Όμορφη, έξυπνη και καλαίσθητη ιδέα. Βαθειά συγκινημένος, ο καθηγητής παίρνει τον λόγο για να τους ευχαριστήσει:

- Σας ευχαριστώ, αγαπητοί φοιτητές! Με έχετε συγκινήσει ως τα βάθη της καρδιάς. Σας ευχαριστώ για τα ωραία σας λόγια. Ειδικά μου προκάλεσε εντύπωση η φωτογραφία: το πορτρέτο μου μέσα στο ανθρώπινο μάτι. Μη ξεχνάτε, όμως, ότι ένας άλλος εκπαιδευτής του Πανεπιστήμιου μας, ο φίλος μου, καθηγητής μαιευτικής και γυναικολογίας, έχει σύντομα επέτειο και αυτός...

Η πρόβα της χορωδίας

Μόλις αποφοίτησα.

Τα φοιτητικά χρόνια, τόσο όμορφα και ξένοιαστα, τελείωσαν και για πρώτη φορά έπιασα δουλειά, ως καθηγήτρια μουσικής, σε ένα παιδαγωγικό κολέγιο.

Με είχαν διορίσει διευθύντρια χορωδίας. Έπρεπε να δημιουργήσω, από το μηδέν, αυτό το υπέροχο, πολυφωνικό και δύσκολο από τη φύση του όργανο, αποτελούμενο από ανθρώπινες φωνές και να πετυχαίνω τον ανώτατο βαθμό τελειότητας. Να πλάθω τον ήχο με τα ίδια μου τα χέρια. Ήμουν περήφανη για το έργο μου.

Αυτό συνέβη σε μια απομακρυσμένη πόλη της Σιβηρίας, την Τουκαλίνσκ, της οποίας το όνομα προέρχεται από το ρήμα «χτυπώ».

Με την έννοια «χτυπώ με το τσεκούρι στο κεφάλι». Κάποτε, αιώνες πριν, οι κάτοικοι ήσαν ειδήμονες σε αυτή την τέχνη και αυτό το απλό επιτήδευμα ανθούσε τότε στην πόλη, που είχε αναπτυχθεί κατά μήκος μιας μεγάλης εμπορικής οδού. Υπήρχε ένα υπέροχο λαϊκό τραγούδι για την περίσταση «...στον μεγάλο δρόμο προς την Τουκαλίνσκ...» Το τραγούδι έλεγε πως είναι καλύτερο να μην βρεθείς ποτέ σ' αυτόν τον δρόμο.

Πλησίασε η εορτή της Οκτωβριανής Επανάστασης. Ήταν τελευταία χρόνια του σοσιαλισμού, αλλά, ποιός το ήξερε;

Η ημερομηνία ήταν ορόσημο και αυτό μας υποχρέωνε. Σε πανηγυρικό εορτασμό πήρε μέρος όλος ο πληθυσμός της πόλης, αρχίζοντας από τα παιδιά νηπιαγωγείου, τα οποία αποστήθιζαν ποιήματα σχετικά με τα πλεονεκτήματα του σοσιαλιστικού τρόπου ζωής: «... Πόσο ευτυχισμένος είμαι που δεν ζω στην Αμερική...»

Ήμασταν χαρούμενοι που ζούμε, κατά την επίσημη δήλωση, στην πιο ελεύθερη χώρα του κόσμου και έτοιμοι να δείξουμε τη χαρά μας σε μια συναυλία αφιερωμένη στην επέτειο.

Μέσα στο παιδαγωγικό κολέγιο οι προετοιμασίες ήσαν σε πλήρη εξέλιξη. Οι απαγγέλοντες, με τις κόκκινες μπλούζες και τα κόκκινα πηλήκια τους, είχαν αποστηθίσει αποσπάσματα από τον Μαγιακόφσκι. Οι χορευτές χτυπούσαν τα πόδια, κάνοντας να τρέμει το παλιό κτίριο, την ώρα που μάθαιναν τους Εσκιμώϊκους, τους Ουκρανικούς και τους Ουζμπέκικους χορούς, για τους οποίους έραβαν κοστούμια, κατασκεύαζαν ιγκλού, χωριάτικες καλύβες και ψεύτικα πεπόνια.

Έπρεπε να επιδείξουμε την αφθονία της ζωής, όλη τη φιλία και την αλληλεγγύη των αδελφών λαών. Το πιο κρίσιμο σημείο της παράστασης ήταν η χορωδία, με την οποία μελετούσα την καντάτα «Σε ευχαριστώ, κόμμα μου αγαπητό».

Τελικά ήρθε η ημέρα, την οποία περιμέναμε με αγωνία και φόβο: μια πρόβα τζενεράλε, «απόδοση» της καντάτας με την παρουσία του σκηνοθέτη, της διευθύντριας του κολεγίου και των μελών της κομματικής επιτροπής.

Η χορωδιακή αίθουσα δε χωρούσε τους παρευρισκομένους. Τα κορίτσια συνωστίζονταν στα σκαλοπάτια του αμφιθεάτρου, που έφτανε μέχρι το ταβάνι. Η αγωνία βρίσκονταν στον αέρα και το βάρος της ευθύνης πίεζε τους ώμους μου. Πώς θα πάει, άραγε; Τέλος, σηκώνω τα χέρια μου και δίνω εισαγωγή στους μουσικούς. Ακούγεται πανηγυρική, πομπώδης μουσική, κατά την οποία οι αφηγητές αρχίζουν να διαβάζουν την ιστορία των ένδοξων χρόνων της επανάστασης και του εμφυλίου πολέμου.

Μπαίνει η χορωδία. Με το αυτί μου παρατηρώ κάποιες παρατυπίες της απόδοσης, αλλά σε γενικές γραμμές, ακούγεται ωραία. Έχω ηρεμήσει. Η πεποίθηση μου περνάει στη χορωδία και, έχοντας ξεπεράσει τις δυσκολίες της κορύφωσης, με χαρούμενο, καθαρό ματζόρε ολοκληρώνουμε το πρώτο μέρος.

Ικανοποιημένη, κατεβάζω τα χέρια μου, γυρίζω προς το κοινό και ρωτάω τη διευθύντρια του κολεγίου, πώς ήταν;

-Τι να σας πω, κυρία Ναταλία... Έχετε κάνει πρόοδο. Τους στίχους έχετε μάθει πολύ καλά. Αλλά πρέπει να τα πείτε πιο ζωηρά, πιο γρήγορα. Και πού είναι η δύναμη του ήχου; Δεν ακούγεστε καθόλου!

- Δεν ακούγεται; Πώς; Εκατό άτομα χορωδία και...

- Και εγώ δεν ακούω τίποτα! αποκρίθηκε η Γκαλίνα Αρκάντιεβνα.

Τα μέλη της επιτροπής του κόμματος συμφωνώντας κατένευσαν, δείχνοντας την ξαφνική κουφαμάρα που τους έπιασε όλους.

-Τα κορίτσια τραγουδούν καθαρά και εκφραστικά. Αυτό είναι το πιο σημαντικό για μένα. Απ' την άλλη, είναι ακόμα νέα, στην εφηβεία, οι φωνητικές χορδές τους είναι αδύνατες και ευαίσθητες, εγώ δεν μπορώ...

- Σας είπα, δεν ακούγεστε! έβγαλε ξαφνικά μια φωνή η διευθύντρια και χτύπησε με την παλάμη το τραπέζι. Εσείς δεν καταλαβαίνετε την ευθύνη. Εκεί στην παράσταση θα δώσουν παρών όλοι οι παράγοντες της πόλης. Θα 'ρθουν τα μέλη της Περιφερειακής Επιτροπής! Ο Γενικός Γραμματέας του Κόμματος! Απαιτώ να είναι δυνατό και γρήγορο. Όχι απλώς δυνατό. Θέλω να είναι τόσο δυνατός ο ήχος, τόσο, για να...

Η Γκαλίνα Αρκάντιεβνα έσφιξε τη γροθιά της, ψάχνοντας για το παράδειγμα.

- Για να πέσουν οι σοβάδες!

- Α! Σοβάδες!;

Έγινα έξω φρενών από την αγανάκτηση και γύρισα την πλάτη στη διευθύντρια. Να μου διδάξει πώς πρέπει να τραγουδήσουμε; Να με κάνει ρεζίλι μπροστά στη χορωδία;

Πάνω στην κρίση εκνευρισμού δίνω εισαγωγή στην ορχήστρα και με τα πρώτα μέτρα επιταχύνω τον ρυθμό. Πιο δυνατά και γρήγορα; Ορίστε! Ό,τι θέλετε, μαντάμ! Κατά παραγγελίαν!

- Εμπρός! Για τη νίκη! φωνάζουν οι χορωδοί και εγώ τους προτρέπω να τραγουδούν ακόμα πιο δυνατά και γρήγορα, ρίχνοντας από τα χέρια σκληρούς τονισμούς που πέφτουν σαν τα κούτσουρα στον φούρνο της ατμομηχανής της επανάστασης που τρέχει με μέγιστη ταχύτητα προς το φωτεινό μέλλον της ανθρωπότητας.

- Το κόμμα μας! Αγαπητό! Α-α-α-α...!

Το τραγούδι μετατρέπεται σε μια υστερική κραυγή. Η πιανίστα δαιμονιωδώς χτυπάει τα πλήκτρα, ο ακορντεονίστας φυσάει, ο κοντραμπασίστας σπάζει χορδές και εγώ εξακολουθώ να προσθέτω δύναμη:

- Αγαπητό μας κόμμα! Ευχαριστώ!! Σπασίμπα!!! Α-α-α-!!!

Και αυτή τη στιγμή, στο μέγιστο σημείο της κορύφωσης, πέφτει από το ταβάνι ένα τεράστιο κομμάτι του σοβά και καλύπτει τη χορωδία. Ο γύψος θρυμματίζεται, πέφτει από τα κεφάλια των χορωδών και χύνεται στον γιακά. Αλλά τα χρυσά μου κορίτσια ούτε καν χαμήλωσαν τα βλέμματα, συνεχίζοντας να δοξάζουν το κόμμα. Τέτοια παιδιά από ατσάλι!

Ευχαριστημένη με το αποτέλεσμα, διακόπτω την εκτέλεση και γυρίζω στην διευθύντρια:

- Πώς σας φάνηκε;

- Ναταλία Σεργκέεβνα, τι κάνετε; Τι είναι αυτό, ε; - παραλίγο να κλάψει εκείνη... - Τέτοια ζημιά! Ποιος σας επέτρεψε; Ποιός θα πληρώσει; Μόλις το είχαμε επισκευάσει. Ξοδέψαμε τα λεφτά από τον προϋπολογισμό. Τι θα κάνουμε τώρα;

- Δεν ξέρω τι θέλετε, Γκαλίνα Αρκάντιεβνα. Πάρτε απόφαση. Ή θέλετε να πέσουν οι σοβάδες ή δε θέλετε;...

Βόβατσκα

Η μαμά μου ήταν δασκάλα. Υπεραγαπούσε τα παιδιά, τη δουλειά της και κάθε μέρα γυρίζοντας από το σχολείο μας διηγούνταν διάφορες ιστορίες για τους μαθητές της. Στην τάξη της υπήρχε ένα ζωηρό παιδάκι με απερίγραπτη φαντασία, ήταν ψευτάκος και πρώτος στις κοπάνες. Τον έλεγαν Βόβατσκα. Κάθε φορά που εμφανιζόταν στην τάξη μετά από μια ακόμη κοπάνα, η δασκάλα πάντα τον ρωτούσε «γιατί έλειπες χθες;» Η απάντηση του Βόβατσκα ήταν κάθε φορά ίδια: «Ήμουν άρρωστος!»

Στην ερώτηση της δασκάλας του «τι ακριβώς έπαθες;» κάθε φορά η απάντησή του ήταν διαφορετική: «Γρίπη, κρυολόγημα, πονοκέφαλος, πονόδοντος...» Η μάνα του ήταν νοσοκόμα και ο Βόβατσκα ήταν ειδικός στα θέματα της ιατρικής.

Κάποτε τον χειμώνα έκανε τόσες απουσίες, που εξάντλησε όλες τις πιθανές και απίθανες αρρώστιες που υπάρχουν. «Γιατί έλειψες;» ρώτησε η δασκάλα. «Ήμουν άρρωστος» απάντησε ο Βόβατσκα. «Τι έπαθες αυτή τη φορά;» Ο Βόβατσκα κατέβασε το κεφάλι του και δε μίλαγε. Η δασκάλα επέμενε. «Πες στη δασκάλα και τους φίλους σου την αλήθεια – τι έπαθες χθες που έλειψες;»

Ο Βόβατσκα κατσούφιασε και απάντησε με αναστεναγμό ύστερα από μια μεγάλη παύση: «Τι έπαθα, τι έπαθα... Φυματίωση!»

Στην πρώτη τάξη δημοτικού μαθαίνουν τα γράμματα. Κάθε μέρα και ένα γράμμα. Επιτέλους, φτάσανε στο «Ταφ». Η δασκάλα τους δείχνει πώς γράφεται, πώς διαβάζεται και, τέλος, ρωτάει ποιες λέξεις αρχίζουν από «ταφ».

-Το τρόλεϊ, η τηλεόραση, το τηγάνι! —πέφτουν βροχή οι απαντήσεις.

-Τίγρη!

-Ωραία λέξη, ενθαρρύνει τους μαθητές η δασκάλα. Για πείτε μου, πού είδατε την τίγρη;

-Στην τηλεόραση, στο βιβλίο, στο τσίρκο!

Ο Βόβατσκα τεντώνει το χέρι του, το κουνάει με αγωνία και κοντεύει να βγει από τα ρούχα του:

-Εγώ είχα δει την τίγρη!

-Για πες μας, πού την είδες;

Ο Βόβατσκα σηκώθηκε, πήρε ένα ύφος σοβαρό και άρχισε την ιστορία του.

- Με τον αδελφό μου, τον Σάσκα, είχαμε πάει μια φορά τον χειμώνα στο δάσος. Ξαφνικά τι βλέπουμε; Την τίγρη!

-Ποια τίγρη ήταν αυτή; Μήπως το έσκασε από το τσίρκο;

-Όχι! Ήταν μια τίγρη ελεύθερης βοσκής!

-Και τι έγινε μετά;

-Ο Σάσκα σήκωσε το όπλο του και έκανε «μπαμ!» στον αέρα. Η τίγρη φοβήθηκε και έφυγε.

-Και πώς ήταν η τίγρη αυτή; Ήταν άσπρη;

-Σαν το χιόνι!

-Και κάπως μικρούτσικη; Τόση δα;

-Ακριβώς! Σαν τη γάτα.

-Και είχε μακριά τα αυτιά;

-Πολύ μακριά!

-Τότε, μπορεί να ήταν λαγός;

-Μα δεν τη ρώτησα. Μπορεί να ήταν και λαγός!

Σακίδιο

Μέσα στο λεωφορείο μπαίνει ένας απλά ντυμένος μεσήλικας άνδρας με ένα μικρό σακίδιο στην πλάτη του.

Έχοντας κατεβάσει προσεκτικά το σακίδιο, το βάζει στη γωνία, στο πάτωμα και ψάχνει στην τσέπη για το πορτοφόλι του. Εν τω μεταξύ, το λεωφορείο ξεκινά απότομα, με όλη τη δύναμη των ίππων του.

Ο άνθρωπος δεν προλαβαίνει να κρατηθεί από τη χειρολαβή και πέφτει πάνω στο σακίδιο. Με την απελπισία έντονα ζωγραφισμένη στο πρόσωπο του προσπαθεί να σηκωθεί, αλλά δεν το καταφέρνει και πέφτει πάλι. Μια γκριμάτσα μαρτυρίου και πόνου στρεβλώνει το καλοκάγαθο πρόσωπό του. Παρατηρώντας αυτή τη σκηνή, οι επιβάτες αλληλοκοιτάχτηκαν, προσπαθώντας να εκτιμήσουν το μέγεθος της καταστροφής και κάποιος τον ρώτησε με συμπάθεια:

-Τι έχεις εκεί μέσα στο σακίδιο σου ; Μήπως αυγά;

- Όχι, απάντησε ο άνθρωπος. Έχω καρφιά!

Η Εκλογή του γραμματέα

Στο παιδαγωγικό ίδρυμα μέσης εκπαίδευσης υπήρχε η πρωτοβάθμια κομματική οργάνωση Κομμουνιστικής Ένωσης Νεολαίας, η Κομσομόλ των εκπαιδευτικών.

Η οργάνωση ήταν μικρή. Η λίστα των μελών συμπεριελάμβανε μόνο έξι καθηγήτριες και έναν καθηγητή, που ήταν ο πιανίστας Σεργκέι Μινάεφ.

Στην αρχή της σχολικής χρονιάς έπρεπε, επειγόντως, να επανεκλεγεί η γραμματέας της οργάνωσης επειδή η ίδια έφευγε σε άδεια μητρότητας. Τη συνεδρίαση διεξήγαγε ο γραμματέας της Περιφερειακής Επιτροπής, Ανατόλι Περεβιάζκην.

Η απερχόμενη γραμματέας, η Λούσκα, παχουλή και στρογγυλή σαν κούκλα ματριόσκα, καθόταν στο τραπέζι της προέδρου και υποστήριζε με τα δύο της χέρια την κοιλιά, η οποία κατά διαστήματα αναπηδούσε.

- Αγαπητοί σύντροφοι και συντρόφισσες! άρχισε την ομιλία του ο κ. Περεβιάζκην. Στην ημερήσια διάταξη έχουμε ένα πολύ σημαντικό ζήτημα, τις εκλογές του γραμματέα της τοπικής σας οργάνωσης.

Ο Περεβιάζκην έκανε την παύση και κοίταξε τη Λούσκα με βλέμμα γεμάτο κατανόηση και πατρική ζεστασιά. Ο γραμματέας σπάνια χρησιμοποιούσε αυτό το βλέμμα επειδή ήξερε τη δύναμή του και ήξερε πως πάντα λειτουργεί. Έτσι και έγινε. Η Λούσκα έσπασε σε ένα πλατύ χαμόγελο και είπε αχ! αφού πήρε ένα γερό λάκτισμα από το αγέννητο παιδί. Και ποιός σου φταίει που παντρεύτηκες έναν ποδοσφαιριστή;

Ο γραμματέας κοίταξε το κοινό, ενώ συνέχιζε να ακτινοβολεί καλοσύνη. Το Κόμμα ξέρει. Το Κόμμα καταλαβαίνει τα πάντα! Δεν είναι σαν το σπαθί της εκδίκησης, αλλά σαν ευαίσθητος και αυστηρός σύντροφος...

Του άρεσε να αρχίζει με τέτοιον τρόπο τη συνεδρίαση σε μικρές, ιδίως γυναικείες, διοργανώσεις. Στις μεγάλες, ποτέ! Ειδικά στα μεγάλα εργοστάσια με πολλούς εργαζόμενους. Εκεί πρέπει αμέσως να πιάνεις τον ταύρο από τα κέρατα, να μπεις στον ρυθμό και να οδηγήσεις το πλήθος, αλλιώς θα σε καταβροχθίσουν, θα σε κάνουν κομμάτια και τα κόκκαλά σου θα τα ροκανίζουν.

Εδώ, όμως... Οι κοπελίτσες μπροστά του ήταν πανέμορφες. Κουκλίτσες! Να τις βάζεις στη βιτρίνα... Και πως τον κοιτάνε! Πόσο γλυκά χαμογελάνε, πώς φλερτάρουν μπροστά του. Φυσικά! Ο περιζήτητος εργένης... Ο Περεβιάζκην κορδώθηκε και συνήλθε ρίχνοντας μια ματιά στο ρολόι. Έχει διαθέσει για τη συνάντηση το πολύ μισή ώρα. Οι υποψηφιότητες - η κύρια και εφεδρική - συζητήθηκαν με τον Γενικό γραμματέα της Περιφερειακής επιτροπής του Κόμματος και εγκρίθηκαν. Για να αποφευχθούν εκπλήξεις και για να υποβληθεί η κατάλληλη υποψηφιότητα είχε προετοιμαστεί «η φωνή του λαού». Να διεξαχθεί στα γρήγορα η ανοιχτή ψηφοφορία και τελείωσε το ζήτημα.

Πρώτα απ' όλα, όμως, έπρεπε να προηγηθεί ένα κήρυγμα. Μια μικρή νουθεσία, ο κύριος λόγος της παρουσίας του.

- Σύντροφοι και συντρόφισσες! Η επιλογή του Γραμματέα, θα πρέπει να γίνει με μεγάλη ευθύνη. Ειδικά τώρα, όταν το κόμμα δίνει τόσο μεγάλη σημασία στα στελέχη της. Γιατί; Επειδή οξύνεται η αντιπαράθεση των δύο πολιτικών συστημάτων - σοσιαλισμού, που είναι το μέλλον της ανθρωπότητας - και ετοιμοθάνατου καπιταλισμού και επειδή συνεχίζεται η επιδείνωση της ιδεολογικής πάλης. Μήπως οι αντίπαλοί μας κάθονται με τα χέρια σταυρωμένα; Όχι, βέβαια. Σε κάθε βήμα της κυβέρνησης, σε κάθε έκφραση της φροντίδας και μέριμνας για τους εργαζόμενους απαντούν με άγριες επιθέσεις και συκοφαντίες.

Θα σας πω ένα παράδειγμα. Πριν από λίγο καιρό το κόμμα υιοθέτησε ένα κρατικό «Πρόγραμμα Διατροφής» για δέκα χρόνια. Και τι έγινε; Από το εξωτερικό αμέσως ακούστηκαν θυμωμένες φωνές: Γιατί έχετε υιοθετήσει ένα τέτοιο πρόγραμμα; Δεν υπάρχουν τρόφιμα στη χώρα σας;

Εσείς, τα μέλη της Κομσομόλ, εσείς, που είστε μορφωμένοι και καταρτισμένοι καθηγητές. Τι θα λέγατε αν, για παράδειγμα, κάποιοι μαθητές θα σας ρωτήσουν το «γιατί». Γιατί το πρόγραμμα έχει εγκριθεί; Μήπως πραγματικά δεν επαρκούν τρόφιμα στη χώρα μας;

Το κοινό σώπασε, αφομοιώνοντας τα λεγόμενα. Τα ράφια των σουπερμάρκετ ήταν άδεια, αλλά τι να πουν; Πως τρόφιμα υπάρχουν; Ή πως τρόφιμα δεν υπάρχουν;

Ο Περεβιάζκην δεν περίμενε απάντηση σε ένα τέτοιο δύσκολο ερώτημα. Δεν είναι για τους εγκεφάλους των γυναικών. Εδώ, για να βρουν την απάντηση, τόσοι άνθρωποι σπάσανε τα κεφάλια τους...

- Στο ερώτημα μπορεί να απαντήσει κανείς με μια άλλη ερώτηση. Στη χώρα μας δεν έχουμε μόνο αυτό το πρόγραμμα, αλλά και πολλά άλλα όπως, για παράδειγμα, το ενεργειακό. Τι σημαίνει αυτό; Μήπως δεν έχουμε ηλεκτρικό ρεύμα, στην παραγωγή του οποίου είμαστε η πρώτη χώρα στον κόσμο; Γι' αυτό το Κόμμα δίνει τέτοια σημασία στα στελέχη της. Αποσαφήνιση της πολιτικής του κόμματος - είναι η ουσία της δουλειάς του γραμματέα. Να μεταφέρει τους στόχους του κόμματος σε κάθε μέλος της Κομσομόλ. Να είναι πάντα μπροστά. Να μη φοβάται τις δυσκολίες. Και εμείς από την πλευρά μας, θα βοηθήσουμε.

Ο χαιρετιστήριος λόγος τελείωσε. Έπρεπε να περάσουν από τα λόγια στην πράξη. Ήταν καιρός να προχωρήσουν σε ψηφοφορία.

Υπήρχε μία αυτοαπόρριψη από ένα μέλος της οργάνωσης, η οποία ήρθε σε πρακτικό. Ο Σεργκέι είναι ένας καλός άνθρωπος και πολύ καλός μουσικός. Αλλά με την ιδεολογία του... Ακούει ροκ τραγούδια, αγοράζει απαγορευμένους δίσκους που φέρνουν παράνομα από το εξωτερικό, λέει ύποπτα ανέκδοτα. Στις μέρες μας δεν κόβουν κεφάλια για τέτοια συμπεριφορά, αλλά είναι απαραίτητο να μιλήσει με τον άνθρωπο. Ο Περεβιάζκην έκανε την αντίστοιχη σημείωση στο σημειωματάριό του.

- Ο κύριος Μινάεφ ζήτησε απόρριψη της υποψηφιότητάς του από τη λίστα της ψηφοφορίας. Ο λόγος; Πολύ σοβαρός. Είναι φοιτητής του τελευταίου έτους μεταπτυχιακών σπουδών του Ωδείου και σήμερα μελετά το πρόγραμμα για τις κρατικές εξετάσεις. Λοιπόν, σύντροφοι; Είναι απαραίτητο να ψηφίσουμε το ζήτημα;

-Όχι, δεν αξίζει τον κόπο... είναι κατανοητό. Ας κάνει τις προετοιμασίες του, μουρμούριζαν οι κοπέλες. Κοίταξαν με φθόνο τον Μινάεφ και είδαν μια τεράστια πέτρα να πέφτει, κατρακυλώντας, από τους επικλινείς ώμους του. Ο Σεργκέι κορδώθηκε, άνοιξε τα φτερά του και χαμογέλασε με ένα ελαφρύ παιδικό χαμόγελο γεμάτο χαρά. Το χαμόγελό του ήταν τόσο πλατύ, που ξεπερνούσε τα πλαίσια τις ευπρέπειας και ο Σεργκέι έσπευσε να το σβήσει, δίνοντας στο πρόσωπό του μια έκφραση συλλυπητηρίων – ευχαρίστως θα το έκανε, αλλά, δυστυχώς...

Η πέτρα που έπεσε από τους ώμους του Μινάεφ κρεμάστηκε απειλητικά πάνω από τα κεφάλια των υπόλοιπων μελών της κομσομόλ. Εν τω μεταξύ ο Σεργκέι ησύχασε. Μη θέλοντας να χάσει τον χρόνο του τσάμπα, έβαλε στα γόνατά του τον χαρτοφύλακα του και άρχισε να δουλεύει νοερά τις παράλληλες συγχορδίες από το έργο του Ραβέλ «Παβάνα» το οποίο προετοίμαζε για τις εξετάσεις.

Κάτω από την πέτρα η πρώτη στη σειρά ήταν η Σβετλάνα. Τι να κάνει; Τι να πει; Θα ψηφίσουν τώρα και... Η καρδιά της έτρεμε κάτω από το βαρύ σήμα της Κομσομόλ. Η Σβετλάνα επρόκειτο να παντρευτεί και το γεγονός αυτό δεν ήταν μυστικό. Κάτι άλλο αποτελούσε μυστήριο. Αυτό που έκανε τον φίλο της, που ήταν υπολοχαγός των Ενόπλων Δυνάμεων, να τρέχει στο ληξιαρχείο με μια αίτηση γάμου στα δόντια του. Το μυστήριο μεγάλωνε, φούσκωνε, κόντευε να αποκαλυφθεί και η Σβετλάνα είχε παρατηρήσει να της ρίχνουν κάτι περίεργες ματιές.

- Αγαπητοί μου φίλοι, σύντροφοι και συντρόφισσες! Δε θέλω να κρύβω, πως στην περιφερειακή επιτροπή είχαμε συζητήσει την πιθανή υποψηφιότητα.

Ο Περεβιάζκην κοίταξε τη Σβετλάνα με επίμονο βλέμμα και της κόπηκε η ανάσα, ενώ η καρδιά της έπεσε κάπου στο στομάχι.

- Η επιλογή, όμως, είναι δική σας. Τι θα προτείνατε; ρώτησε ο Περεβιάζκην

- Προτείνω την υποψηφιότητα της Σβετλάνα Σορόκινα! ακούστηκε η φωνή του λαού.

- Μα εγώ δεν μπορώ! η Σβέτα πετάχτηκε από την καρέκλα. Κι εγώ θέλω να αποσύρω την υποψηφιότητα μου!

- Τι έχεις;

- Έχω πρόβλημα. Αφού είμαι...

- Τι είσαι;

- Είμαι έγκυος! αναφώνησε η Σβετλάνα και έπεσε στην καρέκλα. Το αίμα της ανέβηκε στο πρόσωπο και τα μάγουλά έγιναν κατακόκκινα σαν παπαρούνα. Τι έκανε; Αφού αποφάσισε να το κρατήσει μυστικό μέχρι να γίνει ο γάμος... Τι θα γίνει τώρα; Όμως άμα σου ξεφύγει η κουβέντα πίσω δε γυρίζει.

- Έγκυος; αιφνιδιάστηκε ο Περεβιάζκην. Του διαόλου κάλτσα! Δε θα μπορούσε να το πει; Υπήρξε συζήτηση, γιατί δεν το ανέφερε;

Οι κομσομόλες κλείδωσαν τα βλέμματά τους, χαμογελώντας ειρωνικά. Ποιος θα το περίμενε; Η Σβετλάνα; Το πιο σεμνό και ήσυχο κορίτσι; Από σιγανό ποτάμι να φοβάσαι... Οι άλλες αντέδρασαν θετικά, συζητώντας την είδηση: μπράβο της! Καλά έκανε, έτσι πρέπει να τους πιάνουμε, σαν τα πουλιά στον αέρα. Αλλιώς θα μείνεις στο ράφι... θα τους εκδικηθείς για όλες μας! Ο γραμματέας έβαλε το ζήτημα σε ψηφοφορία και η απόρριψη εγκρίθηκε ομόφωνα.

Παρέμεινε μια εφεδρική υποψηφιότητα. Είναι απαραίτητο να την περάσουν, σώνει και καλά! Φθάνουν οι εκπλήξεις για σήμερα!

- Επιτρέψτε μου, με την ειδικότητα του επόπτη της δικής σας πρωτοβάθμιας οργάνωσης, να προτείνω την επόμενη υποψηφιότητα. Η Μαργαρίτα Ορλόβα!

- Είμαι έγκυος!

- Τι μας λες τώρα;!

- Πού είναι το περίεργο;

Η Ρίτα κοίταξε με θράσος στα μάτια τον γραμματέα, αλλά δεν μπορούσε να πνίξει έναν αναστεναγμό: η εγκυμοσύνη ήταν το όνειρό της. Μια φορά, ο πελαργός, τους κουβαλούσε το μωρό στο ράμφος του, αλλά δεν το κατάφερε, το έχασε στον δρόμο και η Ρίτα επρόκειτο να αντιμετωπίσει σοβαρά το θέμα. Μόνο η γραμματεία της έλειπε...

Δημιουργήθηκε μια εντυπωσιακή παύση, κατά την οποία ο καθένας προσπαθούσε να κατανοήσει την κατάσταση. Η καθεμία εύχονταν στη Ρίτα να κάνει μωρό, αλλά η ουρά κάτω από την πέτρα μειώθηκε δραματικά.

Είχαν μείνει μόνο τρεις υποψηφιότητες! Οι υποψηφιότητες, που δεν είχαν υποβληθεί σε εξέταση, τα προσόντα των οποίων δεν είχαν συζητηθεί με τον Γενικό γραμματέα της Περιφερειακής επιτροπής... Να γίνει η εκλογή στα τυφλά; Στη σημερινή εποχή, ειδικά τώρα που το Κόμμα δίνει τόσο μεγάλη σημασία στα στελέχη της; Κάτω από το χαμόγελο ο Περεβιάζκην προσπαθούσε να κρύψει τον αυξανόμενο εκνευρισμό του. Δεν ήταν τυχαίο που δε γούσταρε ποτέ τις γυναικείες κολεκτίβες. Πόσο γρηγορότερο ήταν να βρεις κατανόηση με τους οικοδόμους, μηχανικούς και οδηγούς! Μπορεί να σου πετάξουν βαριά κουβέντα, αλλά γρήγορα παίρνουν απόφαση και λύνουν τα προβλήματα αποτελεσματικά. Με τις γυναίκες, όμως; Ανάθεμά τους. Όταν τις χαϊδεύεις, γουργουρίζουν σαν γάτες. Όταν τις τσιγκλάς, όμως...

Η παρατεταμένη παύση διακόπηκε απρόσμενα από το μελωδικό ουρλιαχτό του Μινάεφ και ένα σύντομο «ωχ!» της απερχόμενης γραμματέας. Έχοντας βυθιστεί στη βαθιά μελέτη των παράλληλων συγχορδιών – αυτών των ιμπρεσσιονιστικώς άδειων και ταυτόχρονα βαρέων ακόρντων – ο Σεργκέι ξεχάστηκε και έβγαλε ένα ξαφνικό, παθιασμένο ρουθούνισμα, ενώ η Λούση, κόκκινη σαν αστακός, πάλευε με το μωρό. Αν φάει για μια ακόμη φορά τέτοια δυνατή κλωτσιά, θα σπάσουν τα νερά μπροστά σε όλη τη παρέα...

Από τους υπόλοιπους υποψηφίους τη μεγαλύτερη συμπάθεια προκάλεσε η Ταμάρα Θεοδούλου. Αλλά εδώ είναι εμπόδιο το όνομα... Γραμματέας Θεοδούλου; Με τέτοιο επώνυμο θα πάει να κάνει αντιθρησκευτική προπαγάνδα; Αυτό έπρεπε να συζητηθεί με τον Πρώτο.

- Η Όλγα Κωφού;

- Είμαι έγκυος...

Προφανώς λέει ψέματα, αλλά είναι προς το καλύτερο. Την είχαν δει στην εκκλησία!...

- Η Ναταλία Λιάχοβα;

- Εγώ τι είμαι; Χειρότερη από τις άλλες; Είμαι έγκυος και εγώ! Μήπως απαγορεύεται;

Παλιογυναίκες...! Τι να κάνει ο άνθρωπος; Να καλέσει στη συνέλευση τον γυναικολόγο; Να πάρει! Ο Περεβιάζκην δεν μπορούσε να πιστέψει ότι βρέθηκε σε μια τέτοια κατάσταση. Ο καλύτερος ινστρούχτορας! Έμπειρος ομιλητής με το χάρισμα της ευγλωττίας, αληθινός ρήτορας, τον οποίο έστειλαν στις πιο δύσκολες αποστολές και τις πιο δύσκολες περιοχές, γνωρίζοντας ότι σε κάθε περίπτωση μπορεί να οδηγήσει τη συνεδρίαση στη σωστή κατεύθυνση, να τραβήξει τη σωστή γραμμή. Για πρώτη φορά κατάλαβε το φοβερό, το τρομερό που του συνέβαινε... Κυριολεκτικά τον τραβολογούσαν από τη μύτη, τα παλιό... μισοφόρια... Τι τραβάν για σας τ' αγόρια!

Για πολύ ώρα ακόμα ακούστηκαν φωνές στην αίθουσα συνεδριάσεων της πρωτοβάθμιας οργάνωσης της Κομσομόλ. Εδώ και πολύ ώρα πέρασε η προοριζόμενη για τη συνάντηση μισή ώρα και άλλη μισή ώρα και άλλη...

Ύστερα από μακρές συζητήσεις, τη σύγκριση των επιχειρημάτων, των οικογενειακών καταστάσεων, των ηθών και των εβδομάδων της κυοφορίας, για την υπεύθυνη θέση του γραμματέα της οργάνωσης Κομσομόλ επιλέχθηκε ένα από τα μέλη της, το οποίο σε καμία περίπτωση δε θα μπορούσε να είναι σε κατάσταση εγκυμοσύνης. Ο Σεργκέι Μινάεφ. Τι κεραμίδα!

Διάλεξη

Κατά τη διάρκεια του Ψυχρού Πολέμου, όλοι ήσαν υποχρεωμένοι να μιλήσουν για την πολιτική άμυνα και πάνω απ' όλα, οι γιατροί που έρχονταν στις επιχειρήσεις και στα εργοστάσια. Και ένας γιατρός, αφροδισιολόγος, ήρθε ύστερα από πολύωρη βάρδια στην κλινική, για να δώσει μια διάλεξη στο Εργοστάσιο Τροφίμων. Οι εργάτες χουζούρευαν ήσυχα στις καρέκλες της εργατικής εστίας και μισοάκουγαν τον γιατρό ο οποίος, με γλώσσα που μπερδεύονταν από τη κούραση, προσπαθούσε να εξηγήσει τους παράγοντες κινδύνου που προκαλεί το ωστικό κύμα έκρηξης της ατομικής βόμβας και η ραδιενέργεια.

Η διάλεξη πλησίαζε προς το τέλος και ο γιατρός με ανακούφιση ανακοίνωσε το τελευταίο τμήμα της: η προστασία του πολίτη.

- Υπάρχουν δύο είδη προστασίας, μουρμουρίζει ο γιατρός. Η μία είναι η ομαδική και η άλλη η προσωπική. Να μιλήσουμε για την τελευταία. Το πρώτο και, σίγουρα, πιο σημαντικό μέσο της ατομικής προστασίας είναι, πάνω απ' όλα... είναι...

Ο γιατρός έπρεπε να πει «μια αντιασφυξιογόνος προσωπίδα» αλλά ο κουρασμένος του εγκέφαλος έχει αποτύχει και εκφώνησε κάτι πιο οικείο: το ατομικό μέσο προστασίας είναι το αντιασφυξιογόνο προφυλακτικό.

-Προφυλακτικό; -ξυπνήσανε στην αίθουσα. - Και πώς χρησιμοποιείται το αντιασφυξιογόνο προφυλακτικό;

-Πρώτα απ' όλα, θα πρέπει να είναι στο μέγεθος του κεφαλιού σας – ζωντάνεψε ο γιατρός, παρατηρώντας το ενδιαφέρον του κοινού - Και η χρήση του είναι απλή. Πρέπει να το βγάλετε το αντιασφυξιογόνο προφυλακτικό από τη σακούλα, να το ανοίγετε καλά με τα χέρια και να το βάζετε στο κεφάλι.

Άννα Καρένινα

Σ' ένα πράγμα μόνο είχαν δίκιο οι κομμουνιστές: ήμασταν το πιο φιλαναγνωστικό κράτος.

Χειμωνιάτικο πρωινό. Στην πλατφόρμα του σταθμού Ζελεζνοντορόζνι, κοντά στη Μόσχα περιμένω το τραίνο. Από κάτω φυσάει κρύος άνεμος, από πάνω πέφτουν στον γιακά σκληρές, σαν την άμμο, νιφάδες χιονιού. Στις ράγες κάτω, παρατηρώ ένα ζευγάρι αλήτες. Έχοντας παραβιάσει τους κανόνες ασφαλείας και διακινδυνεύοντας τις ζωές τους, διασχίζουν τις μισοσκεπασμένες από το χιόνι και ολισθηρές γραμμές του τραίνου. Ο άνδρας, με το πακέτο στα χέρια του, τρέχει μπροστά, αυτή τρέχει καταπόδι. Φαίνεται πως έχουν πάρει το πρωί κάτι για «ζέσταμα» και τώρα βιάζονται να προσθέσουν μια «δόση» παραπάνω. Με την αγωνία ζωγραφισμένη στα πρόσωπά τους παρακολουθούν οι επιβάτες το ζευγάρι: μακάρι να μην περάσει το τρένο...

Είχαν διασχίσει την κύρια γραμμή του τραίνου, όταν ή γυναίκα γλίστρησε και έπεσε στις ράγες της εφεδρικής γραμμής.

Ξαπλωμένη, κοίταζε τον ουρανό με το ευτυχισμένο χαμόγελο ενός ανθρώπου που δεν έχει τίποτα να χάσει. Ακόμα και την ίδια τη ζωή... Ας πάει στον διάβολο...!

Εκείνος έτρεξε λίγα μέτρα, μετά παρατήρησε την έλλειψη της συντρόφου. Γύρισε πίσω, θαύμασε για λίγο την εικόνα και απαλά την κλώτσησε με τη μύτη της τσόχινης μπότας του:

-Καλέ, άντε, Άννα Καρένινα! Γιατί ξάπλωσες; Για σήκω!

Για πάντα ζωντανοί

Πριν από μερικά χρόνια νοσηλευόμουν στην καρδιολογική κλινική της πόλης του Βλαδίμηρ.

Το νοσοκομείο, σίγουρα, δεν είναι το πιο χαρούμενο μέρος για να μείνεις. Αλλά τι να κάνω; Να χάνω τον χρόνο μου για το τίποτα; Ύστερα από εξετάσεις και θεραπείες μάθαινα αγγλικά και έγραφα χιουμοριστικές ιστορίες.

Εκείνες τις μέρες πραγματοποιούνταν οι βουλευτικές εκλογές στη Δούμα. Σύμφωνα με τον εκλογικό νόμο της Ρωσικής Ομοσπονδίας, για να εξασκούμε το εκλογικό μας δικαίωμα, έρχονται στο νοσοκομείο οι Αντιπρόσωποι της Εκλογικής Επιτροπής. Κοιτάνε τα χαρτιά μας, συμπληρώνουν τις λίστες και μας δίνουν τα δελτία.

Στην αίθουσα βρισκόταν μια αντιπαθητική ηλικιωμένη γυναίκα, από τις αναρρωνύουσες, που παρουσίασε την εντολή του παρατηρητή από το Κομμουνιστικό Κόμμα της Ρωσικής Ομοσπονδίας. Δύσπιστα σφίγγοντας τα λεπτά χείλια της, έριχνε καχύποπτο βλέμμα στη διαδικασία εκλογών.

Οι εκλογές έχουν τελειώσει. Ο πρόεδρος της Επιτροπής, κοιτάζει γύρω του:

- Λοιπόν, φίλοι μου, όλοι ψήφισαν; Τελειώσαμε;

- Ψηφίσαμε όλοι, ψιθυρίζουμε ανόρεχτα, σαν μια ασύμφωνη χορωδία.

- Ποιος το είπε; διαμαρτυρήθηκε η γριά. Καθόλου δεν τελειώσαμε ακόμα! Η εντατική δεν ψήφισε! συμπλήρωσε.

Ναταλία Βολοντίνα-Σαρκαβάζη

- Ίσως δε θα έπρεπε; δίστασε ο πρόεδρος.
- Τι λες, καλέ! τον έκοψε η παλαιά κομμουνίστρια. Αφού ακόμα είναι ζωντανοί, να ψηφίσουν!

Ένα σαμπουάν για πιτυρίδα

Η αγορά στη μικρή πόλη του Ποκρόβ.

Αργά το φθινόπωρο. Κάνει κρύο. Από πάνω ψιλοβρέχει, από κάτω τα πόδια κολλάνε στη λάσπη. Ψιλές, σαν τη σκόνη, νιφάδες χιονιού μπαίνουν στα μάτια. Μέσα στην αγορά σέρνεται ένας φαλακρός ανθρωπάκος. Ψάχνει σαμπουάν για την πιτυρίδα, το οποίο είδε στο διαφημιστικό σποτ της τηλεόρασης.

Από πίσω του τρέχει ένας αδέσποτος σκύλος. Είναι μεγαλόσωμος, τριχωτός, με τούφες από κόκκινα μαλλιά να κρέμονται προς τα κάτω. Ο άντρας μπερδεύεται στα εμπορεύματα και πηγαίνει στον πάγκο, όπου πωλούν τα είδη περιποίησης για τα σκυλιά. Και οι δύο τους - ο αγοραστής και ο σκύλος - ρίχνουν ερωτηματικό βλέμμα στην πωλήτρια.

- Μήπως έχετε σαμπουάν κατά της πιτυρίδας;

- Βεβαίως, απαντά η πωλήτρια και ρίχνει μια συμπαθητική ματιά στον σκύλο, ο οποίος, εκμεταλλευόμενος την παύση, ξύνει εξαγριωμένα την κοιλιά του.

- Έχουμε το σαμπουάν που ψάχνετε, αλλά η πιτυρίδα δεν είναι το μοναδικό σας πρόβλημα. Βλέπετε, το μαλλί σας πέφτει και τα μάτια δακρύζουν και οι ψύλλοι, όπως φαίνεται, σας κατατρώνε...

Μάθε γλώσσες, Πέτρο!

Πρόσφατα, στην πολυκατοικία μας συνέβη ένα δυσάρεστο γεγονός.

Ο γείτονάς μας, ο εκπαιδευτικός Βλαδίμηρος Ζαγορούλκο, επιστρέφοντας από τη δουλειά, μπήκε στην αγορά. Η περίφημη «περεστρόικα» μόλις άρχισε. Η λέξη αυτή που σημαίνει «αναδομώ» βρίσκονταν στον αέρα και ο καθένας αναρωτιόταν: τι να αναδομήσουμε; Είχαμε χτίσει κάτι; Απάντηση δεν υπήρχε. Παντού κυριαρχούσε το χάος. Τα είδη πρώτης ανάγκης εξαφανίστηκαν από τα καταστήματα και, πρώτα απ' όλα, τα τρόφιμα. Η τρύπα αυτή, αμέσως καλύφθηκε από ποικιλόμορφα παγκάκια της μαύρης αγοράς, που φύτρωσαν, σαν μούχλα, πάνω στο άρρωστο σώμα της οικονομίας. Κανείς δεν ήξερε για την ποιότητα των προϊόντων εκείνων. Για την προέλευση, για υγειονομικό έλεγχο, ούτε λόγος.

Ο Βλαδίμηρος αισθάνονταν κουρασμένος. Είχε κουραστεί να παλεύει με το στομάχι του, αυτή την αδηφάγο ύδρα, που εκτείνονταν ελικοειδώς μέσα του. Ήταν ορκισμένος χορτοφάγος, αλλά μάταια έψαξε με τα πεινασμένα, διψασμένα μάτια του στα ράφια των σουπερμάρκετ κάτι αντίστοιχο. Αλίμονο! Ακόμη και το δελτίο των τροφίμων, αυτό το φύλλον συκής, μια εφεύρεση, που έγινε για να καλύψει το έλλειμμα των τροφίμων, δεν καλύπτονταν σύμφωνα με τις φυσιολογικές ανάγκες του ανθρώπινου οργανισμού. Και τότε ο Βλαδίμηρος αποφάσισε να προδώσει τις αρχές του.

Παλιά, αγανακτισμένος για το πειρατικό εμπόριο, ορκίστηκε να πεθάνει παρά να αγοράσει κάτι από αυτά τα άθλια παζάρια, τώρα όμως στράφηκε προς τον πλησιέστερο πάγκο, έχωσε στα βρώμικα χέρια του πωλητή τσαλακωμένα ρούβλια και σε αντάλλαγμα έλαβε μια μεγάλη, βαριά κονσέρβα. «Ανθρωπιστική βοήθεια από τη Γερμανία» εξήγησε, φυσώντας στο πρόσωπο του Βλαδίμηρ, αηδιαστική μπόχα τσίχλας φράουλας, ο πωλητής.

Μόλις πέρασε το κατώφλι του σπιτιού του, με γρήγορα δάχτυλα, έσπευσε να απαλλαγεί από τα ρούχα του.

Έχοντας ανοίξει την κονσέρβα, ανυπόμονα κοίταξε μέσα και χαμογέλασε. Ένα λεπτό στρώμα λίπους κάπως περίεργου πορτοκαλί χρώματος εμφανίστηκε μπροστά στα ευτυχισμένα μάτια του. Το λίπος αμέσως απλώθηκε πάνω σε μια φέτα ψωμί και φαγώθηκε. Ο Βλαδίμηρος πήρε ένα πιρούνι, έσκαψε λίγο ποιο βαθιά και απογοητευμένα χτύπησε τα χείλη του. Αντί για ένα πλήρες κομμάτι του βοείου κρέατος ψάρεψε ένα τσαλακωμένο, σε μέγεθος γροθιάς παιδιού, μπιφτέκι, που επέπλεε μέσα στον θολό ζωμό. Μύριζε, όμως, πολύ νόστιμα! Έχοντας καταβροχθίσει το μπιφτέκι, ήπιε τον ζωμό και έξυσε με το κουτάλι το εσωτερικό της κονσέρβας.

Με αίσθημα βαθιάς ικανοποίησης πήρε και έβαλε τα γυαλιά του, τα οποία, ευτυχώς πρόλαβε να αγοράσει σε μια άλλη εποχή, πριν αρχίσει η περεστρόικα.

- Λοιπόν, τι φάγαμε; μουρμούρισε, κοιτάζοντας την ετικέτα.

Μάταια, όμως, έψαξε στα βάθη της μνήμης. Η μεγάλη, σύνθετη γερμανική λέξη, που με άνεση απλώθηκε κατά μήκος της ετικέτας, δεν διαβάζονταν. Αλλά ρεύτηκε το μπιφτέκι με κάπως δυσάρεστο τρόπο.

- Μα, το λίπος;

Ο Βλαδίμηρ Ιβάνοβιτς ξαφνικά εκνευρίστηκε.

-Το λίπος, γιατί ήταν πορτοκαλί χρώματος; Απ' την αρχή, δεν ήταν ύποπτο;

Ο Βλαδίμηρος άναψε ολόκληρος. Κάθισε, με προσοχή αφουγκράζοντας τον εαυτό του. Ξαφνικά ένας οξύς πόνος του σούβλισε το στομάχι.

- Μαμά! έκλαψε με αναφιλητά ο Ζαγορούλκο και σκούπισε το μέτωπό του με πανί κουζίνας. Μαμά, τι έφαγα ;

«Η αναβλητικότητα είναι σαν τον θάνατο!» έλαμψε στον εγκέφαλο του η γνωστή φράση του Λένιν. Έσπευσε στο παιδικό δωμάτιο, καταστρέφοντας τα πάντα στο πέρασμά του και αυξάνοντας το συνηθισμένο χάος στον χώρο του γιου του, του Πέτρου. Ίο σχολικό λεξικό του γιου δε βρέθηκε πουθενά.

-Μα πού είναι; Να πάρει! Θα τον φάω ζωντανό, τον γιό μου! Αχ, να το, επιτέλους το βρήκα...

Τα γράμματα σαλτάρισαν μπροστά στα μάτια του και το πρώτο μέρος της σύνθετης λέξης δε βρέθηκε, αλλά το δεύτερο, το δεύτερο... Θεέ μου! Τι είναι αυτό; Και το μουδιασμένο, τρεμάμενο δάχτυλο του έχει χαραχτεί στο τέλος της σελίδας: «το στομάχι, η κοιλιά».

Η κοιλιά! Έφαγε μια κοιλιά! Τροφή για σκύλους; Μήπως γατίσια; Όχι με την έννοια του «για τη γάτα» αλλά με την έννοια «από τη γάτα;»

Με ένα άλμα, που θα έκανε ρεκόρ στους Ολυμπιακούς αγώνες, έφθασε στο μπάνιο, άρχισε να πιέζει με τα κρύα δάχτυλά του τη γλώσσα και με φωνές, ουρλιαχτά και κλάματα έβγαζε από τα σπλάχνα του το βρωμερό δηλητήριο. Τα μάτια του έλαμψαν. Τα πάντα στριφογύριζαν μπροστά του και τα πόδια του έτρεμαν στα πλακάκια του δαπέδου, αλλά δεν αισθάνθηκε καλύτερα. Αντιθέτως, το στομάχι του σπαρταρούσε, απαιτώντας και άλλες θυσίες. Το δηλητήριο, προφανώς, έχει ήδη ξεκινήσει τις καταστροφικές ενέργειές του.

-Αυτό ήταν! Ένας επίορκος! Καλά να πάθεις..., μουρμούρισε.

Με χίλια ζόρια σέρνοντας τα πόδια του, έφτασε μέχρι το υψηλό σιδερένιο κρεβάτι, με δυσκολία ανέβηκε επάνω σε αυτό και ξάπλωσε, περιμένοντας τους τελευταίους σπασμούς και απορώντας πως ήρθε το τέλος του, τόσο απλά και γρήγορα.

Η ψυχή του ασθενούς ήδη ετοιμάστηκε να εγκαταλείψει το άψυχο σώμα του, όταν μια ξαφνική ώθηση την έφερε πίσω στη θέση της. Η Βαλεντίνη, η εύσωμη σύζυγός του, στάθηκε από πάνω του με μια κανάτα αραιωμένου υπερμαγγανικού καλίου στο χέρι και μια πετσέτα τυλιγμένη σαν θηλιά. Σε μικρή απόσταση, εμφανίστηκε απειλητικά το κλύσμα.

- Όχι δα, ψιθύρισε ο ασθενής, έτοιμος να αφήσει την τελευταία του πνοή. Δείξε το έλεός σου. Άσε με να φύγω ήσυχα...

-Θα σου δείξω τώρα! Άκου τι έκανε. Κάτι σκατά πήρε και έφαγε. Τώρα θα δεις...

-Τι θα δω;

-Τον ουρανό με τα άστρα!

Μια ώρα αργότερα, ο Βλαδίμηρος, γυρισμένος μέσα προς τα έξω και ταπεινωμένος από το ανελέητο κλύσμα, βρίσκονταν κάτω από ένα ζεστό πάπλωμα, προσπαθώντας να ζεστάνει τα κρύα πόδια του. Η σύζυγος έστελνε κάπου τον γιο τους.

- Πού τον πας, γλυκιά μου;

- Του έδωσα το κουτί της κονσέρβας. Ας πάει στην καθηγήτρια γερμανικών. Για να μάθουμε, τουλάχιστον, από τι είχες δηλητηριαστεί...

Σύντομα ο γιος επέστρεψε με το δύσοσμο κουτί, που από τη δυσοσμία του ο ασθενής θα είχε κάνει εμετό, αν είχε τίποτα να βγάλει από μέσα.

- Πώς είναι ; ρώτησε, αγωνίζοντας να κρατήσει το εμετικό αντανακλαστικό.

– Το μετέφρασε;

- Το μετέφρασε! αναφώνησε χαρούμενα το μικρό αγόρι. Αυτό το προϊόν παρασκευάζεται στη Γερμανία. Μια λιχουδιά από το κρέας. Ονομάζεται «Η απόλαυση του στομαχιού!» Συστατικά : το κρέας της γαλοπούλας, το αλάτι...

- Όχι, τον διέκοψε ο πατέρας και αναστέναξε βαριά. Πήρε μια ανάσα, πήγε να πει κάτι και δεν μπορούσε.

Ο Πέτρος έσκυψε πάνω από τον πατέρα του.

- Μάθε, ψιθύρισε, αλλά η φωνή του έσπασε και ο Πέτρος είδε ένα καθαρό δάκρυ να τρέχει στο εξαντλημένο πρόσωπο του πατέρα του. Ο Πετράκος έφερε το αυτί κοντά στα χείλη το και τέλος, άκουσε:
- Μάθε γλώσσες, Πέτρο!

Το θύμα της τέχνης

Ο πρώτος δάσκαλος μου

Η χώρα είναι ίδια η γλώσσα. Χωρίς τη γλώσσα αισθάνεσαι σαν μωρό και ταλαιπωρείς τους γύρω σου, ζαλίζοντάς τους με τα ατελείωτα «τι είναι αυτό;» «γιατί;» και «πώς το λένε;»

Πρώτος δάσκαλος μου στα ελληνικά ήταν ο Γιώργος, ένας υπέροχος άνθρωπος δυο ετών. Ήμουν ένα μυστήριο γι' αυτόν: το ενήλικο θηλυκό, γιατί δεν ξέρει να μιλάει;

- Η Ναταλί είναι ξένη, του εξηγεί η μαμά.
- Δεν είναι! διαφωνεί ο μικρός. Είναι δικιά μου!

Τις απογευματινές ώρες παίζουμε στο μπαλκόνι.

- Τι είναι αυτό; ρωτώ, δείχνοντας μια πεταλούδα.
- Πεταλούδα! φωνάζει χαρωπά ο Γιώργος.
- Πεντα...λήδα;
- Όχι, Νάταλι. Πεταλούδα!
- Πε-ετα-αλου-λουδα! — σέρνουμε ομόφωνα τη δύσκολη λέξη. Το αρμονικό ντουέτο μας ακούει ολόκληρη η γειτονιά. Είμαστε και οι δύο μας ευχαριστημένοι: εγώ από τον δάσκαλό μου, εκείνος από τη μαθήτριά του.

- Τι είναι αυτό; -του δείχνω ένα λούτρινο ζωάκι.
- Άλογο!
- Και το άλλο;
- Λαγός!

- Τι είναι αυτό; - έχω βρει ένα άλλο παιχνίδι και ο Γιώργος μου αναφέρει μια νέα, ενδιαφέρουσα λέξη. Η λέξη δεν είναι εύκολη και την επαναλαμβάνουμε δυνατά, τραγουδιστά, με τις δυο χαρούμενες φωνές, μέχρι να 'ρθει η μαμά του. Και όταν έρχεται, αρπάζει τον δά- σκαλο μου, του δίνει ελαφρό χτύπημα στα μαλακά και μου λέει στα αγγλικά:

- Ναταλί, ξέχασε αυτή τη λέξη. Αυτή είναι μια πολύ κακή λέξη. From sex.

Με όποιον δάσκαλο καθίσεις, τέτοια γράμματα θα μάθεις. Η λέξη δεν έχει ξεχαστεί και κάθε φορά, που την ακούω, βλέπω μπροστά τον πρώτο δάσκαλο μου.

Άλογο ή ένα κουνέλι;

Συνεχίζω να εργάζομαι και δεν αφήνω τις προσπάθειες μου να μάθω τη γλώσσα. Ο επόμενος δάσκαλος μου ήταν ένας παππούς, ο κύριος Γιάννης, στο σπίτι του οποίου εργάζομαι από το πρωί μέχρι το μεσημέρι. Το κεφάλι μου είναι γεμάτο από λέξεις και αισθάνομαι σαν τον Winnie-the-Pooh, όλο πριονίδια και σφυρίχτρες. Οι λέξεις δεν έχουν αποκτήσει ακόμα τη σάρκα. Δε μυρίζουν, δεν έχουν τη γεύση και το χρώμα. Απλώς είναι ένα σύνολο ήχων.

Τώρα, τα ερωτήματα υποβάλλονται από τον δάσκαλο.

- Τι είναι αυτό; - ο παππούς δείχνει με το δάχτυλο του το κάτω μέρος του προσώπου, δηλαδή το πηγούνι:

- Αυτό; - προσπαθώ να θυμηθώ πώς το λένε και το βρίσκω: Το τηγάνι!

- Όχι, Ναταλί, γελά ο παππούς. Τηγάνι έχουμε στην κουζίνα. Και αυτό είναι...

- Πιρούνι! υποθέτω.

Τέλος, ύστερα από πολύ προσπάθεια η λέξη έχει βρεθεί. Είχαμε πολύ γέλιο και στη συνέχεια ο παππούς με ρώτησε : τι έχουμε σήμερα για μεσημεριανό;

- Άλογο! είπα, έχοντας στο μυαλό μου τον λαγό ή κουνέλι. Αυτές οι δύο λέξεις, λαγός και άλογο, που τόσο μοιάζουν ηχητικά, τις μπέρδευα συνέχεια.

- Ένα άλογο; ρωτάει, έκπληκτος ο παππούς. Έχουμε προσκαλέσει στο δείπνο ένα άλογο;

- Όχι, δεν είναι το άλογο προσκεκλημένο. Είναι μαγειρεμένο! Στιφάδο δεν ήθελες;
- Στιφάδο από άλογο; Ολόκληρο; Μπορούμε να το φάμε;
- Όχι, βέβαια. Πώς είναι δυνατόν; Να φάμε οι δύο μας ένα ολόκληρο άλογο; Μόνο το μισό!
- Και πού το πήραμε το άλογο;
- Στην αγορά...

Αρχίζω να νευριάζω. Έχει παλαβώσει ο παππούς, αυτό είναι σίγουρο. Ο ίδιος πήγε και αγόρασε άλογο και τώρα ρωτάει από πού το πήραμε; Τι κάνουν τα γεράματα στον άνθρωπο...

- Και πώς θα το φάμε το μισό άλογο;
- Με ντομάτα, κρεμμύδι, πιπεριά! φωνάζω, οργισμένη.
- Ναταλί, τι θα φάμε τελικά, ένα άλογο ή ένα κουνέλι;

Η κουτάλα πέφτει από το χέρι μου και ολόκληρη η γειτονιά ακούει όχι ένα απλό γέλιο, αλλά τα ακράτητα χάχανα, που μοιάζουν με χλιμίντρισμα λες και γαργαλάει κανείς ένα μεγάλο χαρούμενο άλογο...

Ευτυχία

Όμορφο νησί της Σαντορίνης.

Εργάζομαι στο ξενοδοχείο και στο σπίτι των ιδιοκτη-τών, του Κώστα και της Ντίνας. Εργάζομαι πολύ, όμως το ξενοδοχείο μου γυαλίζει από καθαριότητα και όλοι οι του-ρίστες με ευχαριστούν, εκφράζοντας την ευγνωμοσύνη, αυτή ο καθένας όπως μπορεί- με λόγια ή με χρήματα.

Από το πρωί καθάριζα τα ψυγεία και από την απροσε-ξία μου έσπασα μια πλαστική λεπτομέρεια, που στηρίζει τα επίπεδα. Λεπτομέρεια, κι όμως δεν είναι ευχάριστη. Το σημαντικό είναι να μην ξεχάσω να το πω στην Ντίνα. Για να μη συμβεί αυτό, αποφασίζω να βάλω τη λεπτομέ-ρεια σε ένα εμφανές σημείο. Δεν πρόλαβε να περάσει μέσα η Ντίνα, εγώ της ανακοινώνω:

-Ντίνα, συγγνώμη, αλλά εγώ έσπασα...

-Τι; ανησύχησε η Ντίνα.

-Τώρα. Θα στο δείξω.

-Πώς λέγεται αυτό που έσπασες;

-Δεν ξέρω...

Εγώ πιέζω όλες τις διανοητικές μου ικανότητες, προ-σπαθώντας να θυμηθώ, πού έβαλα την κακότυχη λεπτο-μέρεια. Γυρνάμε όλα τα δωμάτια λυπημένες στην προ-σπάθεια να βρούμε τη λεπτομέρεια.

-Νάταλι, ρωτάει η Ντίνα, τι έσπασες; Την τηλεόραση;

-Όχι.

-Το τηλέφωνο;

-Όχι.

-Το πλυντήριο;

-Όχι. Τίποτα από αυτά.

-Ω, Νάταλι! αναφωνεί, σχεδόν κλαίγοντας η Ντίνα. Θέλεις να πεις πως έσπασες το χρηματοκιβώτιο;

Στον αέρα δημιουργείται ένα μαύρο συννεφάκι και φανερά έρχεται η μπόρα. Σταματάμε στη μέση του σαλονιού μη ξέροντας που αλλού μπορούμε να ψάξουμε. Ξαφνικά τη βλέπω πάνω στο ράφι και, χαζοχαρούμενη, ζητωκραυγάζω-ΝΑ! Και τεντώνω το χέρι στη Ντίνα με τη μικροσκοπική λεπτομέρεια.

-Ο, Νάταλι! φωνάζει χαρούμενα η Ντίνα και βλέπω, πως στην καρδιά της αρχίζουν να ανθίζουν λουλούδια.

-Αυτό έσπασες; Μόνο αυτό; Μην ανησυχείς, αγαπητή μου, θα πούμε στον Κώστα να αγοράσει καινούργιο.

Η Ντίνα χαμογελάει. Το ίδιο κι εγώ. Είμαστε και οι δύο ευτυχισμένες, όσο ποτέ άλλοτε.

Ανοιχτά στο πέλαγος

Η τουριστική περίοδος συνεχίζεται κανονικά.

Εργάζομαι σε ένα μικρό ξενοδοχείο, όπου είμαι η μοναδική υπάλληλος για όλες τις δουλειές - όπως το σαμπουάν τρία σε ένα - και στο σπίτι της ιδιοκτήτριάς του, της κυρίας Ντίνας.

Ένα απόγευμα, ήρθα στην Ντίνα και τη βρήκα σε μια ασυνήθιστα χαρούμενη διάθεση.

- Ναταλί! Δε φαντάζεσαι τι χαρά έχω απόψε. Περιμένω επισκέπτες από την Αθήνα. Βοήθησέ με, σε παρακαλώ, να καθαρίσουμε το μπαλκόνι.

Το μπαλκόνι στο σπίτι της είναι ένα ολόκληρο δωμάτιο, ανοιχτό, χωρίς σκεπή.

Αμέσως πιάνουμε δουλειά. Τα παιδιά της, ο Γιώργος και η Ελένη, παίζουν στο μπάνιο με τα ψαράκια και παπάκια τους, που πλέουν στην μπανιέρα. Ευτυχώς, τα μωρά είναι απασχολημένα και εμείς μπορούμε να έχουμε το κεφάλι μας ήσυχο.

- Το ζευγάρι που έρχεται, είναι παλιοί μου φίλοι, λέει η Ντίνα, αλλά σε αυτό το σπίτι δεν έχουν έρθει ποτέ. Ούτε τα παιδιά μου δεν έχουν δει ακόμα! Πόσα χρόνια έχουμε να ιδωθούμε... Πρέπει να τους κάνουμε καλή εντύπωση. Οι φίλοι μου έρχονται στις επτά, στις οκτώ, όμως, έχεις δουλειά. Θα έρθουν τουρίστες από την Αυστρία, γι' αυτό θα πας στο ξενοδοχείο για να τους υποδέχεσαι, εντάξει;

-Κανένα πρόβλημα! Μια συνηθισμένη δουλειά...

Ο χρόνος περνάει γρήγορα. Τακτοποιούμε τα παιχνίδια, βάζουμε στις θέσεις τους τραπέζια και καρέκλες και ξύνουμε τσίχλες κολλημένες παντού στα έπιπλα. Τι γίνεται στο μπάνιο, άραγε; Κάπως ύποπτα ήσυχα εκεί μέσα... Η Ντίνα πηγαίνει να ελέγξει τι κάνουν τα παιδιά και ξαφνικά ακούγετε μια διαπεραστική κραυγή:

- Α-α-α-!!! Ναταλί! Έλα γρήγορα!!!

Τρέχω μέσα και βλέπω μια συγκλονιστική εικόνα: από όλες τις βρύσες του σπιτιού τρέχει ορμητικά το νερό, το πάτωμα έχει πλημμυρίσει μέχρι τα γόνατα, η Ντίνα φωνάζει και δύο γυμνά παιδιά πηδούν γύρω από τη μάνα τους.

Σας έτυχε ποτέ να προσπαθήσετε να πιάσετε γυμνά, σαπουνισμένα παιδιά πάνω στο μαρμάρινο πάτωμα πλημμυρισμένο με νερό; Γλιστρώντας και χάνοντας την ισορροπία μας, ανεπιτυχώς προσπαθούμε να πιάσουμε ολισθηρά σαν τα ψαράκια, παιδιά. Ξεγλιστρώντας από τα χέρια μου, ο Γιώργος τρακάρει τη βιβλιοθήκη, που πάει να πέσει. Με μια γενναία κίνηση εγώ καλύπτω το παιδί και βρίσκω τον εαυτό μου θαμμένο κάτω από ένα σωρό βιβλία, ενώ πιο κάτω, με μια κραυγή χαράς τσαλαβουτάει ο Γιώργος.

Και εκείνη τη στιγμή χτυπάει το κουδούνι.

Έχοντας απελευθερωθεί από τα ράφια γεμάτα με βιβλία, πάω να ανοίξω. Με το άνοιγμα της πόρτας ολόκληρος χείμαρρος πέφτει στα πόδια των επισκεπτών και τρέχει κάτω από τις σκάλες, παρασύροντας τα παιχνίδια, παπούτσια, τετράδια... Βλέπω μπροστά μου τους φίλους Αθηναίους με τούρτα στο χέρι και... Αυστριακούς τουρίστες ντυμένους με κάτασπρα παντελόνια και λευκά αθλητικά παπούτσια. Έχοντας τρομοκρατηθεί από τα ορμητικά νερά και προσπαθώντας να σώσουν τις αποσκευές, με ένα ευγενικό χαμόγελο, εξηγούν την κατάσταση. Παρουσιάστηκε κάποιο σφάλμα. Έφτασαν νωρίτερα, και, έχοντας βρει τη ρεσεψιόν κλειστή – αφού η μοναδική υπάλληλος πάλευε με τα κύματα - ήρθαν στο σπίτι της ιδιοκτήτριας.

- Περάστε, σας παρακαλώ, προτείνω χωρίς να σκέφτομαι τι λέω και ακούω το υστερικό γέλιο της Ντίνας: Πού;!

Η Ντίνα έχει δίκαιο. Το πλημμυρισμένο σπίτι βρίσκεται σε κατάσταση έκτακτης ανάγκης, καθώς τα παιδιά με κραυγές χαράς ολοκληρώνουν την καταστροφή. Τα λευκά παπούτσια των Αυστριακών αμέσως πότισαν με νερό και, προσπαθώντας να σώσουν τα παντελόνια, με το ένα χέρι τα τραβούν επάνω και με το άλλο σφίγγουν στην αγκαλιά τις αποσκευές.

- Ναταλί, α, όχι, δεν μπορώ - η Ντίνα πνίγεται στα γέλια - παρακαλώ πήγαινέ τους στο ξενοδοχείο. Ας πάρουν το καλύτερο δωμάτιο! Και εγώ... ωχ, δεν μπορώ... θα σκεφτώ τι θα κάνω.

Παίρνω τα κλειδιά. Τα παπούτσια μου πλέουν σε άγνωστη κατεύθυνση και δεν έχω χρόνο να τα ψάξω. Κάνοντας τον παλληκαρά, περπατώ ξυπόλητη πάνω στην καυτή άσφαλτο, νοιώθοντας τις υγρές πατημασιές να εξατμίζονται ακριβώς κάτω από τις φτέρνες μου. Η βρεγμένη φούστα μπερδεύεται στα πόδια μου και από πίσω, ακόμα κρατώντας αγκαλιά αποσκευές και αφήνοντας μια σειρά από υγρά ίχνη, φρόνιμα σαν τα παπάκια βαδίζουν οι Αυστριακοί.

Όταν έφευγαν για την πατρίδα τους, οι Αυστριακοί πελάτες ανέφεραν ότι έχουν πάρει τις πιο συναρπαστικές εντυπώσεις, κάποιες πρωτόγνωρες εμπειρίες και θα συστήνουν σε όλους τους φίλους το καταπληκτικό ξενοδοχείο μας.

Η ιστορία με τον αρουραίο

Σαντορίνη. Ένα πανέμορφο νησί που γεννήθηκε χάρη σε έκρηξη ηφαιστείου.

Αφού τελείωσε η τουριστική περίοδος, τελείωσε και η εργασία. Τα ξενοδοχεία, ταβέρνες και καφενεία έκλεισαν. Πού να βρεις δουλειά;

Η πρώτη που βρήκε δουλειά ήταν, όπως πάντα, η Ήρκα. Βρήκε ένα επικερδές μέρος: ένα πορνείο. Δε διορίστηκε, βεβαίως, σύμφωνα με κάποια ειδικότητα του ιδρύματος, αλλά στην κουζίνα, για να ταΐζει το προσωπικό. Τα κορίτσια του καταστήματος ζούσαν ενωμένα μεταξύ τους, ήσαν εργατικές, με εξαιρετική όρεξη για δουλειά και φαγητό.

Στην Ήρκα είχαν δώσει ένα δωμάτιο που ήταν άδειο για όλο το καλοκαίρι.

Αλλά όχι τελείως.

Απολαμβάνοντας την ηρεμία και τη γαλήνη της μοναχικής ζωής, στο δωμάτιο κατοικούσε ένας αρουραίος. Και ξαφνικά έρχεται η Ήρκα. Η συγκατοίκηση αυτή δεν άρεσε στον αρουραίο. Τον ρώτησε κανείς; Αποφασισμένος να τη διώξει, άρχισε να εφαρμόζει τις παλιές μεθόδους των τρωκτικών: τη νύχτα έτρεχε, χτυπώντας δυνατά τα πόδια και την ουρά του, σφυρίζοντας, αναποδογυρίζοντας μικροπράγματα και προξενώντας φρίκη στην Ήρκα. Τι να κάνει; Το πρωί βρήκε την τρύπα του, μάζεψε όλες τις εφημερίδες και τις έχωσε μέσα, πιέζοντας το χαρτί με σκουπόξυλο για να μπουν πιο βαθιά. Έρχεται το βράδυ από τη δουλειά και τι βλέπει; Ο αρουραίος καταβρόχθισε τις εφημερίδες, σκόρπισε γύρω του διάσπαρτα κομμάτια, κάθετε δίπλα στο λαγούμι του και καγχάζει. Έπρεπε κάτι να κάνει. Πήγε στην κουζίνα και πήρε ένα μεγαλόσωμο, υπέρβαρο γάτο για να τρομάξει τον αρουραίο. Μόλις είδε τον αρουραίο ο γάτος έμεινε άφωνος. Έπεσε στο πάτωμα, έκλεισε τα μάτια του και αμέσως κατουρήθηκε. Μια τεράστια λίμνη απλώθηκε κάτω από την κοιλιά του γάτου. Ουρλιάζοντας και αφήνοντας πατημασιές, σύρθηκε κάτω από το κρεβάτι και άρχισε να θρηνεί τη ζωή του που έφτασε στο τέλος. Ο γάτος κατάλαβε ότι τον έφεραν εδώ για να φαγωθεί από τον αρουραίο. «Να πεις αντίο στη ζωή σου; Έτσι απλά; Γιατί;» αναρωτιόταν το ζώο.

Οπλισμένη με μια σφουγγαρίστρα, η φίλη μου πάλευε να τον βγάλει έξω από το τεράστιο κρεβάτι. Ο γάτος ξαναείδε και πάλι τον αρουραίο και αυτή τη φορά χέστηκε. Κατά τη διάρκεια αυτών των χειρισμών, ο αρουραίος στέκονταν στα πίσω πόδια του, παρακολουθώντας με ενδιαφέρον το συμβάν.

- Και - έκλαιγε το πρωί Ήρκα - μπορείς να φανταστείς τη θέση μου; Αργά τη νύχτα είμαι παρέα με τον γάτο και τον αρουραίο. Όλο το δωμάτιο κατουρημένο και χεσμένο και δεν έχω τίποτα να τα μαζέψω, γιατί όλες τις εφημερίδες έφαγε ο αρουραίος...

Πόσο; Είκοσι!

Δουλεύω σε ένα χωριό και δεν αφήνω τις προσπάθειές μου να μάθω τα ελληνικά. Είναι δύσκολο. Για κάποιο λόγο, βασανιζόμουν αφάνταστα με τους αριθμούς. Τα έμαθα απ' έξω, τα ξέρω με τη σειρά τους, αλλά την κατάλληλη στιγμή εξατμίζονται, φεύγουν πετώντας έξω από το κεφάλι, σαν ένα κοπάδι από φοβισμένα σπουργίτια. Πιάνω το πρώτο που πετυχαίνω και...
...Πηγαίνω στο σούπερ μάρκετ για τυρί.
Χρειάζομαι διακόσια γραμμάρια τυρί για τοστ.
- Πόσο θέλεις; ρωτάει πωλητής.
- Είκοσι γραμμάρια!
- Πόσο; ξαναρωτάει, γελώντας.
- Είκοσι! επαναλαμβάνω, έχοντας στο μυαλό μου διακόσια. Είμαι τόσο κουρασμένη μετά από τη δουλειά, που με το ζόρι μπορώ να κρατηθώ στα πόδια μου. Έχω μαζέψει ελιές στο χωριό μια ολόκληρη ημέρα. Τι ανόητο γέλιο!
- Πόσο; ξεσπάνε στα γέλια και οι δυο πωλητές.
- Είκοσι γραμμάρια! επιμένω. Καταλαβαίνετε; Ελληνικά σας μιλάω: είκοσι! Και να τα κόψετε καλά!
Το μαρτύριο με αριθμούς, δεν τελείωσε τότε. Η φίλη μου Αναστασία είχε πάγκο με ρόδια στη λαϊκή αγορά τον Τρικάλων. Μια μέρα μου ζήτησε να την αντικαταστήσω στον πάγκο για μισή ώρα.
- Νάστια, εγώ δεν ξέρω να κάνω εμπόριο!
- Καλά, είναι τόσο εύκολο! Αυτά τα ρόδια που είναι

καλύτερα, κάνουν τριακόσιες δραχμές το κιλό και εκείνα, που είναι μικρά και κάπως χειρότερα - διακόσιες. Πού είναι το δύσκολο;

Πράγματι, τι είναι δύσκολο;

Η φίλη μου φεύγει και εγώ μένω μόνη με τα εμπορεύματα. Θαυμάζω τα ρόδια που είναι σκορπισμένα πάνω στον πάγκο, κατακόκκινα, γεμάτα χυμούς, σε βαθμό που είναι έτοιμα να εκραγούν. Και όμως, κανείς δεν ορμάει πάνω τους. Ονειρεύομαι, κοιτάζοντας τον ουρανό, και ξαφνικά ακούω:

- Πόσο;

Μπροστά στον πάγκο εμφανίστηκε ένας παππούς με ένα τεράστιο καλάθι στο χέρι και με ένα ζευγάρι παλιά, μάλλον προπολεμικά, γυαλιά στη μύτη του.

- Αυτά, που είναι καλύτερα, κάνουν τριακόσιες δραχμές το κιλό, επαναλαμβάνω τα λόγια της Αναστασίας και αυτά που είναι κάπως χειρότερα... Με όλη μου τη δύναμη προσπαθώ να θυμηθώ πώς είναι στα ελληνικά "διακόσια" και, τέλος, λέω: εννιακόσια!

Έκανα ένα λάθος και αντί των διακοσίων είπα εννιακόσια.

- Πόσο; εξοργίζεται παππούς.

Και πάλι, του εξηγώ από την αρχή.

- Αυτά, που είναι καλύτερα, τριακόσιες δραχμές το κιλό, και αυτά, χειρότερα εννιακόσιες...

- Μα πώς; - πάει να βγει από τα ρούχα του ο γέρος.

Τι βαρετός τύπος! Κουράστηκα να εξηγώ τα ίδια και τα ίδια! Τι να κάνω; Οπλίζομαι με υπομονή και, για άλλη μια φορά, του εξηγώ ότι υπάρχουν καλύτερα ρόδια που κάνουν τριακόσια και υπάρχουν λίγο χειρότερα- βλέπεται, είναι μικρά και λίγο χτυπημένα - που κάνουν εννιακόσια...

Λογικό δεν είναι: Πού είναι το παράξενο;

Τα γυαλιά στη μύτη του παππού αναπήδησαν από την αγανάκτηση του:

- Γιατί;

- Έτσι! φωνάζω, θυμωμένη. Αυτά κοστίζουν τριακόσια, επειδή είναι καλύτερα και τα χειρότερα από αυτά κοστίζουν εννιακόσια!

- Παναγία μου! φωνάζει παππούς και κουνά τις γρο-
θιές του απειλητικά. Από αγανάκτηση, δεν βρίσκει λό-
για και καλεί ως μάρτυρες τους πωλητές, αγοραστές και
όλους τους Αγίους της Ορθόδοξης Εκκλησίας. Στον αέρα
μυρίζει μπαρούτι. Δεν την προειδοποίησα την Αναστα-
σία πως δεν ξέρω να πουλάω; Γύρω μας μαζεύεται ο κό-
σμος. Χρησιμοποιώντας τα δάχτυλά μου, τους εξηγώ τα
πάντα – και εδώ ανακαλύπτεται το λάθος μου. Ακούγε-
ται το γέλιο των γυναικών και αστεία σχόλια των αντρών,
αλλά ο παππούς δε λέει να ησυχάσει και φεύγει, φωνά-
ζοντας το «γιατί;» Γιατί αυτή η ξανθιά επιχειρούσε να
του πουλήσει τα καλά ρόδια για τριακόσιες δραχμές το
κιλό και τα κακά – για εννιακόσιες;

Ας πει ευχαριστώ

Η Λένα τελείωνε τα πιάτα. Η νυχτερινή βάρδια πλησίαζε στο τέλος και οι πικρές σκέψεις της ερχόταν στο μυαλό. Άραγε, άξιζε πραγματικά να φύγει από την Τασκένδη; Να αφήσει το σπίτι της, τους φίλους, τη δουλειά, για να πλένει πιάτα στην Ελλάδα; Μακάρι να ήξερε πώς ήταν αδύνατο να βρεις μια αξιοπρεπή δουλειά όταν είσαι μια γυναίκα τριαντάρα, με δύο παιδιά και, επί πλέον, χωρίς να ξέρει τη γλώσσα. «Αχ! αν το ήξερα! Ο δεσμός του αίματος! Ο διάβολος να τον πάρει...» σκεφτόταν με αγανάκτηση, ενώ καθάριζε τα τηγάνια. Τουλάχιστον της έτυχε να βρει ωραίο σπίτι. Η σπιτονοικοκυρά, η κυρία Άννα, της το νοίκιασε φτηνά. Τα βράδια ασχολείται με τα παιδιά και κάθε μέρα τους δίνει χρήματα για να πάρουν ψωμί. Και αφού υπάρχει το ψωμί στο σπίτι, μπορείς να τα βγάλεις πέρα...

Τώρα η φωνή του αίματος σωπαίνει. Οι Έλληνες της φαίνονται παράξενοι και ξένοι. Τι ωραία που ήταν στην Τασκένδη! Η κόρη των πολιτικών προσφύγων, η Λένα δεν είχε ποτέ ρωσική υπηκοότητα. Αυτό, όμως δε στάθηκε εμπόδιο να αποφοιτήσει από το Πανεπιστήμιο και να δουλεύει ως οικονομολόγος στο εργοστάσιο. Στη δουλειά έχαιρε μεγάλης εκτιμήσεως και το πορτρέτο της διακόσμησε τον «Πίνακα Τιμής» στην είσοδο του εργοστασίου. Η Ελένη αναστέναξε αναπολώντας τα βραβεία, τα έπαθλα, τις εκδρομές, τη θερινή κατασκήνωση για τα παιδιά...Όλα στο παρελθόν. Μέχρι που οι Έλληνες της Τασκένδης αποφάσισαν να γυρίσουν στην Πατρίδα. Γύρισε και εκείνη.

Από τη σκληρή δουλειά της έπιασε η μέση της. Επί ώρες στεκόταν σκυμμένη πάνω από τον βαθύ νεροχύτη ψαρεύοντας τα πιάτα που ρίχνανε ασταμάτητα οι σερβιτόροι. Τη χτυπούσαν στα νεύρα τα αναιδή τους βλέμματα και τα χυδαία τους υπονοούμενα, μα εξαγριώθηκε τελείως όταν κατάλαβε πως και το αφεντικό, το παλιογάϊδαρο, την έβαλε στο μάτι. Αυτό δεν μπορούσε να το χωνέψει με τίποτα.

Η Λένα έβαλε στον νεροχύτη τα υπόλοιπα πιάτα της βάρδιας και άνοιξε το νερό να τρέχει. Ξεπερνώντας τον πόνο στην πλάτη, έσκυψε στον νεροχύτη και ψάρεψε μια βαριά σιδερένια κουτάλα. Ξαφνικά ένιωσε πως ένα βαρύ αντρικό σώμα σωριάστηκε πάνω της, πιέζοντας την στον νεροχύτη. Δυνατά χέρια της έσφιξαν τους ώμους και άκουσε δίπλα στο αυτί τον φιλήδονο ψίθυρο: Μωρό μου! Πόσο όμορφη είσαι!

Η Λένα αισθάνθηκε ένα καυτό κύμα θυμού και απελπισίας να την πλημμυρίζει ως τα βάθη της καρδιάς. Γύρισε, σήκωσε με ορμή την κουτάλα και του κατάφερε ένα δυνατό χτύπημα στο κεφάλι, βάζοντας στο χτύπημα αυτό όλη την πίκρα μιας αποτυχημένης ζωής. Το χτύπημα ήταν ισχυρό. Ο ιδιοκτήτης βόγκηξε από τον πόνο και το ξάφνιασμα και στη συνέχεια πήρε μια χαρτοπετσέτα και την έβαλε στο φαλακρό κεφάλι του. Η χαρτοπετσέτα αμέσως ποτίστηκε με αίμα. Η Λένα δεν κατάλαβε πώς τελείωσε τα πιάτα και επέστρεψε σπίτι της. Αισθάνθηκε ότι μ' αυτό που έγινε εξευτελίστηκε. Έπεσε στο επίπεδο κάτω από το οποίο δεν υπάρχει πιο χαμηλό να πέσει.

Το επόμενο πρωί ο ιδιοκτήτης δεν είπε λέξη. Η Λένα συνέχισε να εργάζεται, αλλά μετά από λίγο πήρε μια κλήση από το δικαστήριο. Της είχε κάνει μήνυση για εξύβριση και πρόκληση σωματικής βλάβης. Μια βεβαίωση από το νοσοκομείο επιβεβαίωνε την κατάθεση του θύματος.

Η δίκη διήρκεσε λιγότερο από μισή ώρα. Η Λένα τα 'χασε. Μη γνωρίζοντας τι να πει, μπερδεύοντας τις πιο απλές φράσεις, η Λένα κατάλαβε ένα πράγμα: καταδικάστηκε σε πρόστιμο διακόσιες χιλιάδες δραχμές! Με δάκρυα επέστρεψε στο σπίτι και είπε όλη την αλήθεια στην κυρία Άννα.

- Γιατί δεν μου το είπες; απορούσε η καλή γυναίκα. Γιατί πήγες μόνη σου στο δικαστήριο; Δε θα αφήσω έτσι την υπόθεση. Θα πάω σήμερα κιόλας στον Δήμαρχο. Αυτός είναι καλός άνθρωπος. Μπορεί να βοηθήσει.

Ο Δήμαρχος πραγματικά αποδείχτηκε καλός άνθρωπος. Ορίστηκε μια επανεκδίκαση της υπόθεσης. Στη Λένα παρεχώρησαν δικηγόρο. Ο ιδιοκτήτης της ταβέρνας δε θα μπορούσε να απαντήσει σε μια απλή ερώτηση: γιατί η Λένα αποφάσισε να τον χτυπήσει στο κεφάλι; Τι ακριβώς έγινε; Ήρθε και στα καλά καθούμενα και τον χτύπησε;

- Ναι, έτσι ακριβώς έγινε. Απλώς ήρθε και με χτύπησε, είπε ο ιδιοκτήτης. Έμεινα έκπληκτος!

Αυτή τη φορά κέρδισε η Λένα. Το αφεντικό καταδικάστηκε σε πρόστιμο για ηθική βλάβη. Ήταν ήδη ευτυχής πως το πόρισμα των ανακρίσεων δεν κατέληξε στην υπόθεση για σεξουαλική παρενόχληση στον χώρο εργασίας. Ενθουσιασμένη από το δικαστήριο, την υποστήριξη του Δημάρχου και του δικηγόρου, η Λένα ζήτησε να πει την τελευταία λέξη.

- Ας μου πει ευχαριστώ! είπε με σπασμένα ελληνικά.
- Για ποιο πράγμα;
- Για... το ότι πρόλαβα και έπλυνα τηγάνια!
- Γιατί;
- Γιατί είχα στα χέρια μου κουτάλα. Εάν είχα βαρύ σκεύος, ένα τηγάνι, θα τον σκότωνα!

Στην ταβέρνα

Σε μια γειτονιά υπάρχει μια μικρή οικογενειακή ταβέρνα, το αγαπημένο στέκι της περιοχής. Όλοι οι θαμώνες γνωρίζονται μεταξύ τους και σέβονται τη Μαρία, την οικοδέσποινα. Με ανησυχία παρακολουθεί η Μαρία έναν από τους τακτικούς πελάτες, τον Κώστα - είχε ήδη κατεβάσει αρκετά σφηνάκια και δε λέει να σταματήσει... Επιτέλους, ζήτησε τον λογαριασμό και η Μαρία του τον φέρνει. Ο Κώστας σηκώθηκε ταλαντευόμενος πάνω στα ασταθή πόδια του, πλήρωσε και έβγαλε απ' την τσέπη του τα κλειδιά του αυτοκινήτου.

- Τι κάνεις, Κώστα! παρενέβη η Μαρία. Πού θέλεις να πας; Άφησε εδώ το αυτοκίνητο. Ούτε καν στα πόδια σου δεν μπορείς να σταθείς!

- Και τι, λοιπόν; αποκρίθηκε ο Κώστας.

Κεραυνοχτυπημένος από τη γυναικεία βλακεία, προσπαθούσε να εστιάσει το βλέμμα του στο πρόσωπο της Μαρίας για να της αναφέρει κάτι πολύ σημαντικό, που δεν καταλαβαίνει.

- Σιγά που δεν μπορώ να σταθώ στα πόδια μου. Μπορεί να μην στέκομαι όρθιος, στο αυτοκίνητο, όμως, κάθετε κανείς. Και εγώ καθιστός μια χαρά το καταφέρνω!

Μπερδεύτηκε

Μόλις έφτασε στην Ελλάδα, η Νάντια έπεσε θύμα ενός φτερωτού μπόμπιρα με τόξο πίσω από την πλάτη του, του Έρωτος. Της εκτόξευσε βέλος και πέτυχε εκεί που δεν το περίμενε: στον τόπο εργασίας. Με μια σφουγγαρίστρα στο χέρι, αχτένιστη και άβαφη, η Νάντια σήκωσε το βλέμμα της στον πελάτη της ταβέρνας που δούλευε και έμεινε με το στόμα ανοιχτό. Η Νάντια ερωτεύτηκε.

Ήξερε ελάχιστα ελληνικά, μόνο λίγες λέξεις. Κι όμως, αυτές οι λέξεις έφταναν για να καταλάβει την ερωτική εξομολόγηση, να ακούσει πρόταση γάμου και να τη δεχτεί. Μόλις εκείνη έγνεψε καταφατικά το κεφάλι της, ο Μανώλης την άρπαξε, την έσφιξε αγκαλιά, άρχιζε να στροβιλίζεται και να φωνάζει: Ελπίδα μου! «Νάντέζδα» στα ελληνικά σημαίνει η «Ελπίδα». Έτσι η μολνταβή Νάντια Κοροτένκο έγινε η κυρία Ελπίδα Θεοδωρίδου.

Για ένα μήνα η Νάντια κάθισε στο σπίτι, μελέτησε τη γλώσσα και πήγε να εργαστεί. Βρήκε να φροντίσει μια γιαγιά. Η γιαγιά έπαιρνε αναπηρική σύνταξη τυφλού ατόμου, αλλά με κάποιον ανεξήγητο τρόπο παρατηρούσε κάθε κόκκο σκόνης στο πάτωμα και ψίχουλα πάνω στο τραπέζι. Όλη την ημέρα η γριά συλλογιζόταν για το πώς να εξοικονομεί και να αποθηκεύει περισσότερα χρήματα. Η οικονομική θεωρία της γιαγιάς βασιζόταν σε κάτι πολύ απλό: η Νάντια έπρεπε να πλύνει τα πάντα χωρίς σαπούνι, να τηγανίζει χωρίς λάδι και, σε γενικές γραμμές, απολύτως τίποτα για να μην ξοδεύει! Μα πώς; αναρωτιόταν, έκπληκτη, η Νάντια.

-Έτσι! απαντούσε η γιαγιά.

Το πρωί, η Νάντια καθάριζε το σπίτι, μετά ψώνιζε και μαγείρευε το φαγητό. Μια μέρα η γιαγιά την έστειλε στο ζαχαροπλαστείο για μπισκότα. Η Νάντια βγήκε για ψώνια, αλλά οι σκέψεις της ήταν στον σύζυγό της. Τι κάνει, άραγε; Τώρα είχε επιστρέψει από τη δουλειά και την περιμένει με λαχτάρα. Μωρό μου! Τι θα σου κάνω ευχάριστο; Είναι γλυκατζής! Τα δικά της λεφτά ήταν λίγα, και, όμως, δεν μπορούσε να αντισταθεί στον πειρασμό και πήρε μερικές πάστες - το αγαπημένα του προφιτερόλ, λουσμένο στη σαντιγί. Και,περνώντας από την αγορά, αγόρασε ένα καινούργιο ζευγάρι παντόφλες. Αυτή η αγορά δεν ήταν προγραμματισμένη και προφανώς θα άνοιγε ρήγμα στον οικογενειακό τους προϋπολογισμό, αλλά οι παντόφλες ήσαν τόσο όμορφες! Χνουδωτές και κίτρινες σαν νεοσσοί μιας ημέρας. Πώς να μην τις πάρει; Όταν ξεκινάς μια νέα ζωή, τα πάντα φαίνονται να είναι τόσο σημαντικά. Φαντάζονταν πόσο υπέροχο θα ήταν να πίνουν τσάι με προφιτερόλ και εκείνη να φοράει τις καινούργιες παντόφλες...

Μετά την ολοκλήρωση της δουλειάς, η Νάντια ετοιμάστηκε να πάει στο σπίτι ακούγοντας, για άλλη μία φορά, τη συνηθισμένη γκρίνια της γιαγιάς.

-Θα φύγεις τώρα; Γιατί φεύγεις; Θα με αφήνεις μόνη μου... Αν έρθει κανείς και χτυπήσει τη γιαγιά; Το σκέφτηκες καθόλου; Θα έρθεις αύριο μα η γιαγιά δε θα υπάρχει... και δε θα υπάρχει εργασία. Πού θα δουλεύεις;

Όπως φεύγει, η Νάντια παίρνει μια σακούλα σκουπίδια της κουζίνας και τη ρίχνει στον κάδο των σκουπιδιών στη γωνία. Και η Νάντια βγαίνει από το σπίτι της γιαγιάς με δύο σακούλες στα χέρια της. Τη μία από αυτές πετάει στον κάδο σκουπιδιών, ενώ τη δεύτερη φέρνει στο σπίτι και χαρούμενη, φωνάζει από την πόρτα:

- Αγάπη μου, κοίτα τι σου έφερε η γυναικούλα σου! Τις πάστες! Βάλε τον βραστήρα να βράσει, να πιούμε το τσάι!

Το τσάι δε βρίσκεται ανάμεσα στα αγαπημένα ρο-φήματα των Ελλήνων, αλλά ο Μανώλης το έχει συνη-θίσει σιγά-σιγά. Χαρούμενος, παίρνει τη σακούλα από τα χέρια της και, τραγουδώντας πηγαίνει στην κουζίνα. Ξαφνικά το τραγούδι κόβεται στη μέση και ακούγεται η κραυγή.

- Νάντια, τι είναι αυτό; Τι έφερες; Για ποιο λόγο;

Η Νάντια τρέχει στην κουζίνα και τι βλέπει; Έχει μπερδέψει τις τσάντες! Τις πάστες και παντόφλες τις πέταξε στα σκουπίδια και τα σκουπίδια τα έφερε στο σπίτι! Ο σύζυγος με αγανάκτηση κοιτάει τη σακούλα και η Νάντια ξεσπάει σε ανεξέλεγκτο γέλιο. Δεν ξέρει πώς να εξηγήσει ότι μπέρδεψε τις σακούλες. Δεν είχε μάθει ακόμα αυτή τη λέξη!

Ο σύζυγός της αντέδρασε στο περιστατικό πολύ σοβαρά.

- Τι είναι αυτό; της ρώτησε αυστηρά.
- Αυτά είναι σκουπίδια.
- Το βλέπω και μόνος μου. Πού είναι οι πάστες ;
- Τις πέταξα.
- Πού;
- Στα σκουπίδια!
- Για ποιο λόγο;
- Δεν μπορώ !
- Τι δεν μπορείς;
- Δεν μπορώ να εξηγήσω!
- Γιατί ; - με αγωνία, έντονα ζωγραφισμένη στο πρό-σωπο του, ρώτησε ο Μανώλης. Γιατί δεν μπορείς να εξη-γήσεις; Τι είναι αυτό; Μυστήριο;

Ο Μανώλης κοίταξε τη Νάντια και σώπασε, συγκλο-νισμένος από ένα ξαφνικό προαίσθημα. Κατάλαβε ότι παντρεύτηκε μια ψυχοπαθή. Τι ξέρει για εκείνη; Λίγα πράγματα. Αν έχουν στην οικογένεια τους ιστορικό ψυ-χοπάθειας; Πώς θα ζήσουν ; Και τι παιδιά θα κάνουν;

Με χίλια ζόρια, επιστρατεύοντας όλο το λεξιλόγιο της, τις χειρονομίες και έχοντας παραστήσει τη γιαγιά, τις πάστες, παντόφλες και τον κάδο σκουπιδιών, η Νάντια εξηγεί την κατάσταση.

Ο σύζυγός της την κοιτάει με φόβο και καχυποψία, αλλά σιγά-σιγά το πρόσωπό του ηρεμεί, ο Μανώλης χαμογελάει και λέει "ξέχασε το ". Η Νάντια σερβίρει τσάι με φρυγανιές και φορώντας τις παλιές παντόφλες. Τι τις ήθελε τις καινούργιες; Το βράδυ κυλάει ως συνήθως, αλλά η Νάντια παρατηρεί μια σκιά στο πρόσωπο του συζύγου και μερικές φορές πιάνει το περίεργο, μπερδεμένο βλέμμα του. Κάτι τον απασχολεί... Τι; Τέλος, τον ρωτά γι' αυτό. Ο Μανώλης λέει ένα σωρό δικαιολογίες, προσπαθώντας να το γυρίσει στο χωρατό, και, τέλος, λέει:

- Έχεις πετάξει τις πάστες στα σκουπίδια; Το καταλαβαίνω. Ίσως δε σου άρεσαν. Πες μου, όμως, γιατί έφερες στο σπίτι τα σκουπίδια;

Η πρώτη μου μέρα στην Αθήνα

- Για ποιον λόγο θέλεις να πας στην Αθήνα; Μείνε μαζί μας!

Ο Γιάννης, ο σύζυγος της φίλης μου, αγανακτισμένος με κοιτάει με απορία.

- Τι θα κάνεις εκεί μόνη σου; Πού θα μείνεις;
- Θα τηλεφωνήσω στη φίλη μου, στη Γκαλίνα. Θα μείνω σ' εκείνη. Ύστερα θα νοικιάσω το δικό μου δωμάτιο, θα πιάσω δουλειά...
- Τη δουλειά μπορείς να τη βρεις κι εδώ και πιο εύκολα. Τι τη θες την Αθήνα;

Τι τη θέλω την Αθήνα- το χρυσό όνειρο των παιδικών μου χρόνων;!

Ζούσαμε πολύ σεμνά. Η μοναδική πολυτέλεια, την οποία μπορούσαν να επιτρέψουν οι γονείς μου ήταν τα βιβλία: πενήντα τόμους μεγάλης Σοβιετικής Εγκυκλοπαίδειας, τα άπαντα του Πούσκιν, του Νεκράσοφ, Μάμην-Σιμπιριάκ... Δεν ξέρω πώς έφτασαν στο σπίτι μας «Θρύλοι και Μύθοι για την Αρχαία Ελλάδα» αλλά τα διάβαζα με επιμονή μέχρι ζαλάδας. Τι μπορούσα να καταλάβω; Τι μπορούσα να αισθανθώ; Όμως μέσα από τις σελίδες ακουγόταν μουσική- Όλυμπος, Αθήνα, το μαντείο των Δελφών, η Λερναία Ύδρα και τα ονόματα των θεών, οι γεωγραφικές τοποθεσίες... για ποιον λόγο θέλω όνειρο;!

Ξεκινήσαμε μέσα στη νύχτα. Η Λένα και ο Γιάννης είχαν προορισμό το εργοστάσιο για να πάρουν εκεί πράγματα για πώληση. Φτάσαμε νωρίς το πρωί στην Αθηναϊκή Συνοικία «Φιλαδέλφεια». Το κρύο τρυπώνει το σώμα μέχρι τα κόκκαλα, τα μάτια κλείνουν κι όμως προσπαθώ να δω μήπως φαίνεται στον ορίζοντα η Ακρόπολη. Πού είναι η Ακρόπολη;

- Ποιά Ακρόπολη θέλεις; γελάει η Λένα. Εδώ; Μη τρέχεις, θα προλάβεις!

Προς το μεσημέρι οι εκκρεμότητες τελειώνουν. Τηλεφωνώ στη φίλη μου, αλλά δεν απαντάει. Τι να κάνω; Ο Γιάννης λέει πάλι τα δικά του, η Λένα τον υποστηρίζει και οι δύο τους είναι γεμάτοι αποφασιστικότητα να με γυρίσουν πίσω. Εγώ αρνούμαι.

- Εντάξει λοιπόν, ας υποθέσουμε ότι η φίλη σου είναι τώρα στη δουλειά και αργά ή γρήγορα θα τη βρεις. Πώς θα της εξηγήσεις που βρίσκεσαι; Πού θα την περιμένεις;

- Να, θα πάω τώρα στην Ακρό...

- Φτάνει πια με την Ακρόπολη! αποκρίθηκε θυμωμένα η Λένα. Είσαι τρελή; Εκεί περιμένουν μόνο τέτοιες χαζές, χωρίς χαρτιά αλλά με βαλίτσες.

Εγώ κοιτάω γύρω μου. Δεν μπορώ όμως να πιαστώ από πουθενά με τα μάτια. Ομοιόμορφοι δρόμοι, περίπτερα, μαγαζιά. Επιτέλους βρίσκουμε ένα αρκετά ξεχωριστό μέρος, συγκεκριμένα, το κοιμητήριο «Κόκκινος Μύλος». Δεν είναι και το πιο κατάλληλο μέρος για συναντήσεις, αλλά δεν είχαμε άλλες επιλογές. Στεκόμουν έξω μες τον άνεμο, ώσπου μια καλή κυρία με προσκάλεσε να μπω στο κατάστημα, όπου έφαγα τον χρόνο μου τριγυρνώντας ανάμεσα σε νεκράνθεμα, στεφάνια, χερουβείμ κι άλλα παρόμοια. Τέλος, απάντησε η φίλη.

- Νατάσκα! Επιτέλους! γελάει η Γαλήνη.

Με τη Γαλήνη ζούσαμε μαζί στη Σαντορίνη, μοιραζόμασταν το ίδιο δωμάτιο στο υπόγειο και όλες τις δυσκολίες της ζωής. Από εκείνη έμαθα τις πρώτες μου φράσεις στα ελληνικά. Την έφερνα στα όριά της με το μόνιμο «πώς είναι αυτό στα ελληνικά;» Στο μόνο μέρος που μπορούσε να σωθεί ήταν το μπάνιο, αλλά όσο λουζόταν, εγώ στεκόμουν έξω απ' την πόρτα και ούρλιαζα μέσα από το θόρυβο του νερού: έλα να κλίνουμε το ρήμα «λούζομαι»!... εγώ λούζομαι, εσύ λούζεσαι, αυτός λούζεται.

- Αλήθεια, είσαι στην Αθήνα; Πού βρίσκεσαι;
- Στο κοιμητήριο! χαρούμενα φωνάζω στο ακουστικό.
- Χριστός και Παναγία! Ποιό κοιμητήριο;
- Κόκκινος Μύλος!
- Τι έγινε; Πέθανε κανείς;
- Όχι!
- Τότε τι κάνεις εκεί;
- Εσένα περιμένω!
- Σ' ευχαριστώ, φιλενάδα- προσβλήθηκε η Γαλήνη- μου έφτιαξες το κέφι. Με περιμένει στο κοιμητήριο! Καλύτερο μέρος δε σκέφτηκες; Εγώ τώρα, να, από πείσμα δεν έρχομαι εκεί. Μπορείς να πάρεις αυτοκίνητο;
- Ναι, εδώ κάτι μαύρα υπάρχουν απ' έξω, μάλλον περιμένουν τους πελάτες...
- Χαζή! ουρλιάζει η Γαλήνη,αυτά είναι οι νεκροφόρες! Τα ταξί στην Αθήνα είναι κίτρινα!
- Αφού είναι κίτρινα, ας είναι κίτρινα. Γιατί φωνάζεις;

Παίρνω ένα ταξί και πάω στη φίλη μου. Έτσι τελειώνει η πρώτη μου μέρα στην Αθήνα.

Ευχαριστώ, άγνωστε πελάτη!

Θα μπορούσα να φανταστώ τον εαυτό μου σε οποιον-
δήποτε ρόλο εκτός από εκείνον της μαγείρισσας. Και να
το! Στη γυάλινη βιτρίνα της πιτσαρίας «Μπελίσσιμα»
βλέπω ένα πρόσωπο, βαμμένο με όλα τα είδη των σαλ-
τσών και μπαχαρικών που χρησιμοποιούνται στην ιταλι-
κή κουζίνα, και καταλαβαίνω πως είμαι εγώ.

Το πράσινο καπέλο γλίστρησε και κατέβηκε στο αυτί,
στα χέρια κόλλησε η ζύμη, στο στήθος αλεύρι. Ο ιδρώ-
τας τρέχει ποτάμι και με τρώει η μύτη μου. Προσπαθώ
να τη σκουπίσω με το μανίκι της στολής και με μια αρι-
στοτεχνική κίνηση βάζω την τελική πινελιά στο πορτρέτο
της μαγείρισσας: ένα κομματάκι ζύμης, που έλειπε από
το μάγουλο. Σαν την ψεύτικη ελιά στο πορτρέτο της μα-
ντάμ Πομπαντούρ. Στις ομορφιές μου! Κρίμα που δε με
βλέπουν οι φοιτητές μου, που, ακόμα πριν λίγες μήνες,
τους μύησα στην τέχνη των γνωστών μακαρονάδων Ρο-
σίνι και Πουτσίνι...

Τη νύχτα τους Αθηναίους τους τρώει η λαιμαργία.
Δουλεύουμε με τις παραγγελίες και οι διανομείς που εί-
ναι κάποιοι απεριποίητοι μαθητές, τσαπατσούληδες με
μηχανάκια, δεν προλαβαίνουν να τις παραδώσουν.

Οι παραγγελίες πέφτουν βροχή. Η ατμόσφαιρα είναι
πνιγηρή.

Η κουζίνα γεμίζει καπνούς από το καυτό λάδι και το
καμένο ψωμί, ενώ ο τεράστιος φούρνος φλέγεται σαν

Βεζούβιος, βγάζοντας έξω αρωματικές, καυτές πίτσες. Το τηλέφωνο χτυπάει ασταμάτητα και εμείς παραπατάμε, ζαλισμένοι από την κουφόβραση και την κούραση.

- Μια μερίδα μπιφτέκια! φωνάζουν από το τηλέφωνο. Γρήγορα!

Με μια αστραπιαία κίνηση ανοίγω το ψυγείο, αρπάζω τα μπιφτέκια και τα πετάω πάνω στο ταψί. Εν τω μεταξύ, ετοιμάζω τη παραγγελία: παίρνω ένα κουτί και τοποθετώ μέσα φρέσκο φύλλο μαρουλιού, μισό λεμόνι και τα πασπαλίζω με μπαχαρικά. Όλα πρέπει να είναι όμορφα και ωραία. Πάνω σε αυτόν τον πράσινο καναπέ θα βάλω τα μπιφτέκια και θα καλέσω τον μοτοσικλετιστή.

Κατά φωνή και ο γάιδαρος!

- Έτοιμο;

Ο Αδωνις, ο πιο γρήγορος απ' τους διανομείς, αρπάζει το κουτί και εξαφανίζεται μέσα στη νύχτα. Εγώ τεντώνω το κορμί μου για να πάρω μια ανάσα, αλλά η ανάσα ανακούφισης κολλάει στον λαιμό μου, αφού βλέπω τα μπιφτέκια που ξεφυσάνε πάνω στο τηγάνι. Θεέ μου! Τι έχω κάνει; Έστειλα στον πελάτη μια παραγγελία σ' ένα άδειο κουτί. Δεν είναι εντελώς άδειο, φυσικά – το λεμόνι και το μαρούλι τρώγονται, αλλά ο πελάτης θέλει μπιφτέκια! Και να τα, σφυρίζουν πάνω στο τηγάνι, λες και με κοροϊδεύουν. Τι να κάνω; Πώς να εξαφανίσω τα αποδεικτικά στοιχεία; Να τα φάω; Εάν θα με δει ο μάγειρας, ο Φώτης; Τι θα γίνει; Με τον Φώτη είμαστε ήδη καθημερινά σε ατελείωτες διαμάχες. Κάθε τόσο αρπάζουμε τηγάνια - ευτυχώς, δεν έχουμε ντουφέκια - αυτό τώρα μου έλειπε... Ξεπερνώντας τον κίνδυνο πνιγμού και το κάψιμο των καυτών κομματιών, καταστρέφω τα αποδεικτικά στοιχεία.

Δεν προλαβαίνω να καταπιώ το τελευταίο κομμάτι και βλέπω τον Φώτη που πέφτει πάνω μου σαν το γεράκι :

- Τα μπιφτέκια τα έστειλες;

- Ασφαλώς και τα έστειλα, διαβεβαιώνω τον μάγειρα, με ικανοποίηση χαϊδεύοντας το στομάχι μου, όπου κατάφερα και τα έστειλα. Αφού δεν είχε διευκρινίσει πού ακριβώς έπρεπε να τα στείλω...

Το πιο εντυπωσιακό πράγμα σχετικά με αυτή την ιστορία είναι ότι ο πελάτης που έλαβε ένα κουτί με λεμόνι και μαρούλι δε διαμαρτυρήθηκε, όπως αναμενόταν. Συνέχισα να εργάζομαι, να κερδίζω τα προς το ζην και κάθε φορά που ετοίμαζα τα μπιφτέκια, έλεγα από μέσα μου: σε ευχαριστώ, ο άγνωστε πελάτη!

Το θύμα της τέχνης

Μήπως σας έτυχε ένα εισιτήριο για μια παράσταση στο Μέγαρο Μουσικής, στην Αθήνα; Ωραία. Αυτό δε σημαίνει, όμως, πως θα βρεθείτε εκεί οπωσδήποτε. Μη βιάζεστε να χαρείτε. Να θυμάστε πως η τέχνη θέλει θυσίες και θα έχετε όλες τις πιθανότητες να θυσιάζεστε. Κυριολεκτικά.

Εκείνον τον χειμώνα δούλευα στην πιτσαρία στην Αθηναϊκή συνοικία «Περιστέρι». Η δουλειά ήταν δύσκολη, πολύωρη, χωρίς ούτε ένα λεπτό διάλειμμα. Στο σπίτι γυρνούσα ψόφια από την κούραση και οι δυνάμεις μου έμειναν μόνο για ανόητο καθισιό μπροστά στην τηλεόραση και μάσημα πίτσας φερμένης από τη δουλειά. Πικάντικη μυρωδιά τηγανισμένου, που το ονόμασα «Τηγανέλ №5» όπως λέμε «Σανέλ №5», κόλλησε στα ρούχα σε βαθμό που οι αδέσποτοι σκύλοι γλείφονταν, περιεργαζόμενοι εμένα με μάτια γεμάτα απορία. «Γιατί μυρίζει τόσο νόστιμα;» διάβασα πάνω στις έξυπνες μουσούδες τους. Φοβόμουν πως οι τετράποδοι φίλοι μου θ' αποφάσιζαν να με δοκιμάσουν.

Έτσι πέρασε ο χειμώνας στο τέλος του οποίου η ψυχή μου επαναστάτησε, διεκδικώντας κάποια ψυχαγωγία. Στην Αθήνα περιόδευε τότε η όπερα της Βαυαρίας με τον «Λοενγκρίν» του Ρίχαρντ Βάγκνερ.

Να πάω ή να μην πάω;

Οργάνωσα ολόκληρο διοικητικό συμβούλιο στο

μυαλό μου και αναλυτικά ζύγισα όλα τα «υπέρ» και τα «κατά». Έλεγξα την γκαρνταρόμπα μου. Υπολόγιζα τις πιθανές επιπτώσεις αυτής της ελαφρόμυαλης σπατάλης των χρημάτων. Εξέτασα όλα τα στοιχεία εκτός από ένα: το Μέγαρο Μουσικής βρίσκεται ακριβώς απέναντι από την Αμερικάνικη Πρεσβεία. Αυτό, το εκ πρώτης όψεως ασήμαντο γεγονός, οδήγησε σε σύγχυση των ιδεών και, κατευθυνόμενη στο θέατρο της τέχνης, βρέθηκα στο άλλο – το θέατρο των πολεμικών επιχειρήσεων.

Με μια ευχάριστη, γιορτινή διάθεση άρχιζα να ετοιμάζομαι για τη βραδινή μου έξοδο. Στ' αλήθεια, πάω θέατρο; Ντύθηκα, χτενίστηκα, έβαλα το μακιγιάζ και ξεκίνησα νωρίς, για να μην αργήσω, να μη χάσω ούτε στιγμή από τη μαγευτική παράσταση.

Το τρόλεϊ σερνόταν με το ζόρι, σταματώντας σε στενά σοκάκια και στην ατελείωτη κίνηση και τελικά σταμάτησε, υπονοώντας πως από δω και πέρα πρέπει να βασιζόμαστε στα πόδια μας.

Ήταν όλα τόσο ανήσυχα τριγύρω μου.

Πλήθος κόσμου με πλακάτ στα χέρια, οπλισμένοι αστυνομικοί και στρατιώτες δίπλα στα μαύρα οχήματα της αστυνομίας προκαλούσαν αναστάτωση, που την ένοιωθες στον αέρα. Το πλήθος πύκνωνε, καθώς πλησίαζα στο Μέγαρο και τελικά εμφανίστηκε η διαδήλωση, που δε θύμιζε με τίποτα το εορταστικό!

Η διαδήλωση κατέβαινε, σαν χιονοστιβάδα, έτοιμη να σαρώσει τα πάντα στο πέρασμά της. Η ανθρωποθάλασσα κατευθυνόταν κάτω, στην πλατεία Συντάγματος και μόνο εγώ – προς τα πάνω, ανεβαίνοντας, σαν πέστροφα στον χείμαρρο, ξεπερνώντας την απίστευτη αντίσταση ανθρώπινου κύματος, εισχωρώντας ανάμεσα στους αστυνομικούς και στους στρατιώτες.

Ήταν φανερό πως θα αργούσα. Σε λίγο θα άρχιζε η εισαγωγή!

Εν τω μεταξύ, στο θέατρο των πολεμικών επιχειρήσεων άρχιζε να διαδραματίζεται η πρώτη πράξη, ση-

μαδευτή με έκρηξη χειροβομβίδας. Ακούστηκαν πυρο-
βολισμοί, πετάχτηκαν πέτρες, ενώ οι διαμαρτυρόμενες
κραυγές των διαδηλωτών ενώθηκαν στο μακρόσυρτο
βουητό. Κάποιος έχυσε βενζίνη και έβαλε φωτιές. Εγώ
πρόλαβα να πεταχτώ στο πλάι και άρχιζα να βηματίζω
γρηγορότερα αλλά όμως δεν προέκυψε αναμενόμενη
αύξηση ταχύτητας. Κάπου μπροστά διακρίθηκαν οι σω-
τήριες πύλες του Μεγάρου. Μου έμενε να περάσω μόνο
δυο μπλοκ αστυνομικών, μια γραμμή στρατιωτών και να
μπω στον ναό της τέχνης!

Με την άκρη του ματιού παρατήρησα έναν πάμψηλο
αστυνομικό, που με κοίταξε καλά, μετά άνοιξε διάπλατα
τα χέρια του, σαν να ήθελε να πιάσει ένα ψάρι στο νερό.
Τι θέλει, άραγε; Ξαφνικά θυμήθηκα πως βρίσκομαι στην
Ελλάδα παράνομα και η αγκαλιά αστυνομικού, προφα-
νώς ευχάριστη σε κάποια άλλη περίπτωση, τώρα δεν υπό-
σχεται τίποτα καλό. Ορίστε! Να η κλούβα της αστυνομίας
κοντά μου, με τις ανοιχτές πόρτες της να σε καλωσορίζουν
να μπεις μέσα! Αλλά οι πύλες του Μεγάρου ακόμα κοντύ-
τερα! Βγάζοντας το εισιτήριο από την τσάντα, το κουνώ
μπροστά στη μύτη του κατάπληκτου οργάνου της τάξης
και ορμάω στις πύλες της σωτηρίας. Οι πύλες είναι κλει-
στές! Όχι δα! Πώς μπορεί; Έχω εισιτήριο!

Χώνοντας το χέρι ανάμεσα στα κάγκελα του φράχτη,
κουνώ το εισιτήριο σαν τη λευκή σημαία, έτοιμη να πα-
ραδοθώ στο έλεος του σεκιούριτι του θεάτρου. Οι φρου-
ροί, πίσω απ' τις τζαμαρίες, κάνουν απαντητικές χειρο-
νομίες, δείχνοντας πότε το ρολόι – αφού άργησα – πότε
το πλήθος, που πλημμύριζε την πλατεία.

Τους καταλαβαίνω απόλυτα. Εάν οι διαδηλωτές ει-
σβάλλουν στο θέατρο, ο Λοενγκρίν, ο θρυλικός ιππότης
του γερμανικού έπους, τι να κάνει με το μαγικό σπαθί
του; Να βοηθήσει;

Εγώ, όμως, σε τι φταίω;

Εν τω μεταξύ, τα όργανα της τάξεως με όλους τους
κανόνες της πολεμικής τέχνης, άρχισαν να διαδραμα-

τίζουν τη δεύτερη πράξη: τη διάλυση της διαδήλωσης. Τα μαύρα λεωφορεία, γεμάτα κόσμο, αναχωρούσαν το ένα μετά από το άλλο. Οι σειρήνες ωρύονταν στο μέγιστο δυνατό. Οι στρατιώτες, φορώντας κράνη και ασπίδες, άρχισαν να στριμώχνουν το πλήθος, συνοδεύοντας την επίθεση με κρουστικό ποδοβολητό και χτύπημα των ροπάλων στις ασπίδες τους. Η επίθεση ήταν τρομακτική. Εγώ πιάστηκα από τα κάγκελα του φράχτη, έτοιμη να υπερασπίσω το δικαίωμα μου στην ψυχαγωγία. Οι γραμμές στρατιωτών πέρασαν, χωρίς να προκαλέσουν αισθητή ζημιά σ' εμένα. Το πλήθος αραίωσε κι εγώ ανάσαινα με ανακούφιση: σε λίγο θα αρχίσει το διάλειμμα, δε θα 'πρεπε να ανοίξουν τις πόρτες;

Και ακριβώς εκείνη τη στιγμή έριξαν τα δακρυγόνα.

Αυτό πια ξεπερνούσε τα όρια. Αποδείχτηκε, πως το αέριο δεν ήταν τόσο δακρυγόνο όσο ασφυξιογόνο. Τι στο διάολο έγινε; Μήπως μπέρδεψε κανείς τα μπαλόνια; Το γκάζι έκαιγε τον λαιμό, προκαλώντας κρίση δύσπνοιας, ενώ τα δάκρυα θόλωσαν τα μάτια μου. Τι θα κάνω; Πού θα τρέξω; Θα υποχωρήσω τώρα που έμειναν λίγα λεπτά για την έναρξη της δεύτερης πράξης;

Κοιτάζοντας ολόγυρα, παρατήρησα κάτι όμορφα κουρεμένους στρόγγυλους θάμνους, φυτεμένους στις πλαγιές μικρού λόφου, που περιέβαλε το θέατρο από το πίσω μέρος. Μη έχοντας χρόνο για δισταγμούς, όρμησα στους θάμνους, χώθηκα μέσα σε έναν από αυτούς και, ώ του θαύματος, εκεί υπήρχε οξυγόνο! Ο θάμνος είχε πυκνά και μεγάλα φύλλα και μέσα στη σφαίρα του αισθάνθηκα την προστασία και την άνεση του σπιτιού μου. Με τίποτα δεν ήθελα να βγω έξω. Εδώ μπορεί να ζήσει κανείς. Ανοίγοντας τα κλαδιά, προέβαλα τη μύτη μου και, σαν τη γάτα, μύριζα στον αέρα: ακόμα υπήρχε η βαριά οσμή του αερίου.

Μελανός καπνός είχε σκεπάσει ολόκληρη τη λεωφόρο. Τα ασθενοφόρα μάζευαν τα θύματα, τα οποία βασανίζονταν από βήχα και εμετούς.

Τελικά, τα πνεύματα ησύχασαν.

Ο άνεμος έδιωξε τα δηλητηριώδη αέρια και οι τελευταίοι διαδηλωτές άφησαν το πεδίο της μάχης. Καιρός ήταν να βγω από την κρυψώνα μου.

Όταν πλησίασα και πάλι τις πύλες του Μεγάρου, οι φρουροί με κοίταξαν με στόμα ανοιχτό.

-Κύριοι, επιβίωσα... μπορώ να μπω μέσα;

-Πήγαινε να κοιτάξεις τον εαυτό σου στον καθρέφτη, είπε ο φρουρός, ανοίγοντας την πόρτα.

Πώς θα φαινόσασταν εσείς, άραγε, αν είχατε βρεθεί κάτω απ' τα δακρυγόνα αέρια με πλήρη βραδινό μεϊκ-απ στα μούτρα;

Μια ώρα έβαφα τις βλεφαρίδες!

Μπήκα στην τουαλέτα, πλύθηκα με ζεστό νερό και σαπούνι, χτένισα τα μαλλιά μου και παρακολούθησα τη δεύτερη και τρίτη πράξη της όπερας.

Όταν ο μαέστρος σήκωσε τη μπαγκέτα του και ακούστηκαν οι πρώτες νότες της περίφημης εισαγωγής με το καταπληκτικό σόλο της τρομπέτας, τα δάκρυα χύθηκαν ποτάμια από τα μάτια μου. Αυτή την εισαγωγή τη γνωρίζω απ' έξω. Όταν φοιτούσα στο μουσικό τμήμα του πανεπιστημίου της Μόσχας, αυτό το κομμάτι μου έτυχε για ανάλυση στις εξετάσεις της θεωρίας της μουσικής. Θυμήθηκα τα φοιτητικά μου χρόνια, τα ξέγνοιαστα νιάτα, που πέρασαν τόσο γρήγορα... Να το, μάλωνα τον εαυτό μου, κάτω από τις σφαίρες δεν έκλαιγα και από τους ήχους της μουσικής έβαλα τα κλάματα...

Άβυσσος είναι η ψυχή του ανθρώπου.

Την επομένη είδα τηλερεπορτάζ για τα χθεσινά γεγονότα. Άκουσα τους πυροβολισμούς, είδα καπνούς και εκρήξεις, τις γραμμές των αστυνομικών και των στρατιωτών, όλη αυτή την τρομακτική μηχανή της κατάπνιξης και το δικό μου ροζ σακάκι στην καρδιά της συμπλοκής. Εκείνη τη στιγμή φοβήθηκα! Πώς τόλμησα;

Οικολογική συνείδηση

Έχω μια φίλη με οικολογική συνείδηση. Όταν ξέσπασε απεργία στον κλάδο της καθαριότητας, αποφάσισε να κρατήσει τα σκουπίδια της στο σπίτι. Βλέποντας, όμως, τα ποντίκια να χορεύουν στο μπαλκόνι, κατάλαβε, πως δεν έχει άλλη επιλογή, και, φορτωμένη με σκουπίδια μιας εβδομάδας, μπήκε στο ασανσέρ.

Και εδώ κόβεται το ρεύμα. Είχαν και αυτοί τις απεργίες τους. Προκειμένου να τιμωρήσουν τους «έχοντες». Η φίλη μου, όμως, στεναχωριόταν. Όχι για τον εαυτό της. Θα ανάψω κερί, λέει, δεν με πειράζει. Θα περάσουμε μια ρομαντική βραδιά με τον σύζυγο μου, με κεριά και με σαμπάνια.

Η φίλη μου πάντα σκεπτόταν το πρωθυπουργικό ζεύγος. Έχει, βλέπετε, και κοινωνικές ευαισθησίες. Αυτοί, επάνω, δεν είναι σαν εμάς. Έχουν υποχρεώσεις. Μέρα-νύχτα για τον λαό μοχθούν. Και τα βράδια για δουλειά βγαίνουν. Τι να κάνουν χωρίς το φως: Πώς να δέσει τη γραβάτα του ο κύριος πρωθυπουργός; Η κυρία πρωθυπουργού, πώς να βάλει κραγιόν στα χειλάκια της; Πώς θα ισορροπήσει πάνω σε δωδεκάποντες γόβες μέσα στο απόλυτο σκοτάδι; Έλεος πια! Έτσι σκεφτόταν όταν μπήκε στο ασανσέρ και κόπηκε το ρεύμα.

Για καλή της τύχη, δεν ήταν μόνη. Βρέθηκαν μαζί της κάποιοι ξένοι κύριοι, προσκεκλημένοι του Φεστιβάλ Ντοκιμαντέρ Θεσσαλονίκης, οπερατέρ με τις κάμερες υπό μάλης. Και οι κάμερες, όπως ξέρετε, έχουν το δικό τους φως. Όταν τραβάνε, βέβαια. Ούτε κατάλαβε, πώς πέρασαν τρεις ώρες! Έγινε και ηρωίδα του ντοκιμαντέρ. Τώρα περιμένει πώς και πώς το επόμενο φεστιβάλ, να δει τα μούτρα τις στις αφίσες.

Ήρθα...

Μια γυναίκα πενηντάρα, ομογενής από την Τασκέν-
δη, ξαναγύρισε στην πατρίδα της.
Δύσκολο. Ψάχνει για δουλειά. Τη γλώσσα, όμως, δεν
την ξέρει καθόλου. Μόνο λίγες λέξεις. Της πρώτης ανά-
γκης. Κι όμως, είχε τύχη βουνό. Βρέθηκε ένα σπίτι να κα-
θαρίσει. Καλή η δουλειά. Καλά και τα λεφτά: δεκαπέντε
ευρώ την ημέρα.
- Μα πώς θα συνεννοηθούμε; ρωτάει. Ντρέπεται η
καημένη.
- Μη στενοχωριέσαι, της λένε. Θα πας στο τάδε σπίτι
τάδε ώρα, θα πατήσεις το κουμπί – το πρώτο από πάνω
– και θα πεις: ήρθα να καθαρίσω. Τίποτε άλλο. Σε περι-
μένουν, θα ανοίξουν.
Στο δρόμο προς το σπίτι η γυναίκα επαναλάμβανε συ-
νεχώς την επίμαχη φράση: «ήρθα να καθαρίσω». Βρήκε
το σπίτι, πατάει το κουμπί... Από την αγωνία της, όμως,
μπερδεύεται και λέει στο θυροτηλέφωνο: ήρθα να κα-
τουρήσω! Κλίνουν το τηλέφωνο.
- Τι έγινε; αναρωτιέται. Δεν άκουσαν καλά;
Ξαναπατάει και φωνάζει πιο δυνατά:
- Ήρθα να κατουρήσω!
- Θέλεις να κατουρήσεις; ρωτάνε.
- Ναι!
- Στο σπίτι μας;
- Ναι!

- Μα γιατί;
- Έτσι!

Αφού φώναζε δυνατά όσο μπορούσε, μαζεύτηκε ο κόσμος και ένας ηλικιωμένος κύριος ενδιαφέρθηκε να κατουρήσει και αυτός. Κλείνουν το θυροτηλέφωνο, ανοίγουν, ξανακλείνουν... Ευτυχώς, τα βρήκανε. Σε καμιά ωρίτσα.

Δύσκολο το να εκτελείς

Δύσκολο το να εκτελείς και εύκολο το να διατάζεις (Φιλήμων)

Η επιφυλλίδα γράφτηκε ως απάντηση στο νομοσχέδιο που έχει δημοσιευθεί πριν από αρκετά χρόνια στις διάφορες εφημερίδες. Πώς πέρασαν τα χρόνια! Πόσο επίκαιρο φαίνεται...

- Δεν έχει λεφτά το κράτος. Δεν έχει!

- Πώς και δεν έχει; Ψάξε να βρεις. Βάλε το χεράκι σου βαθιά στην τσέπη. Όχι δεν εννοούσα τη δική σου. Ούτε τη δική μου! Τρελάθηκες; Δεν έχεις άλλες τσέπες να κοιτάς;

- Ποιες οι άλλες ; Των συνταξιούχων τις τσέπες τις αδειάσαμε, των πολύτεκνων - εδώ και χρόνια, τις άδειες, τις υπερωρίες τις κόψαμε, οι τσέπες των ανέργων τρύπιες είναι... Πού να ψάξω ;

- Κάτι έχεις ξεχάσει... Οι τσέπες των μεταναστών!

- Μα δεν έχει τίποτα ο μετανάστης...

- Δεν μπορεί! Κάτι έχει. Βάλε το χεράκι στην τσέπη του... βαθιά... ακόμα πιο βαθιά... τι βρήκες ;

- Μια ψείρα! Ψόφια και αυτή.

- Καλά. Άκου, τι θα κάνεις. Πες τους να μας φέρουν από 900 ευρώ ο καθένας συν 1250 ευρώ για κάθε προστατευόμενο μέλος της οικογένειας.

- Και πώς να τα φέρουν; Δεν έχουν! Πού να τα βρουν;

- Να πάνε να κόψουν τον λαιμό τους! Γράψε έναν νόμο. Όποιοι θέλουν να αποκτήσουν, επί μακρόν διαμένοντας, άδεια, θα μας φέρουν αυτά τα λεφτά. Σκέψου πόσα θα μας φέρει μια πολύτεκνη μάνα. Χιλιάδες ευρώ!

- Συνήθως το κράτος δίνει λεφτά στους πολύτεκνους...

- Εμείς θα κάνουμε ακριβώς το αντίθετο. Αν έχουν και μια γιαγιά στον λαιμό τους... Χαιρετίσματα! Και, μόλις αδειάσουμε καλά τις τσέπες των μεταναστών, θα τους στρώσουμε στο διάβασμα!

- Στο διάβασμα ; Με άδεια στομάχια ;

- Μάλιστα. Με γεμάτα δε γίνεται. Ξέρεις, όταν το στομάχι είναι γεμάτο, το πεπτικό σύστημα δουλεύει στο φουλ, μειώνοντας, με αυτόν τον τρόπο, τις βασικές λειτουργίες του εγκεφάλου. Τους προσέχουμε σαν τα μάτια μας!

- Κατάλαβα. Και τι θα μάθουν οι καημένοι;

- Ελληνική γλώσσα. Εκατό ώρες υποχρεωτικά. Ξέρεις πόσο άσχημα μιλάνε; Άκουσα προχτές μια ξανθιά να μιλάει στον περιπτερά. Αντί να πει δώσε μου μάλμπορο μαλακό του είπε δώσε μου μάλμπορο, μαλάκα! Δεν είναι προσβολή του δημοσίου;

- Είναι, αλλά, μην είσαι και υπερβολικός! Δεν ακούμε περίπου το ίδιο στα σχολεία, στις κρατικές υπηρεσίες ; Ακόμα απ' τα παράθυρα...

- ... των συνοικιών των μεταναστών;

- Όχι, των τηλεοπτικών σταθμών! Όταν ανοίγουν όλα αυτά τα παράθυρα, φυσάει από 'κει κάπως άσχημα... Μήπως να στρώναμε στα θρανία πρώτα εκείνους; Θα έχουν και οι ξένοι από που να πάρουν ένα καλό παράδειγμα!

- Όχι δα! Πρώτα να μάθουν οι ξένοι και μετά εμείς θα μάθουμε απ' αυτούς!

- Κατάλαβα. Τελειώσαμε;

- Ακόμα δεν αρχίσαμε. Θα μάθουν ελληνική ιστορία και πολιτισμό. Είκοσι πέντε ώρες.

- Ολόκληρη την ιστορία;

- Ολόκληρη!

- Των τριών χιλιάδων ετών; Και τις εκστρατείες του

Μεγάλου Αλεξάνδρου; Και τους περσικούς πολέμους και τους βαλκανικούς και τους παγκόσμιους; Και τα χρόνια της τουρκοκρατίας, την άλωση της Κωνσταντινούπολης και τη νέα ιστορία του ελληνισμού;

- Έτσι! Θα τα μάθουν όλα αυτά και θα περάσουν από εξετάσεις.

- Αν δεν περάσουν;

- Δεν τους δίνουμε την άδεια παραμονής!

- Κρίμα. Θα πάρουν, τουλάχιστον, τα λεφτά τους πίσω και θα πάνε να φάνε με την ησυχία τους...

- Σιγά να μην τα φάνε! Τα λεφτά τους δε θα επιστραφούν. Τι με κοιτάς; Για ιερό και άγιο σκοπό θα πάνε τα λεφτά. Για την ενίσχυση του κράτους! Μπας και μπαλώσουμε καμιά τρύπα του προϋπολογισμού.

- Κάπως περίεργο μου φαίνεται. Ενίσχυση του κράτους απ' τους εξαντλημένους πολίτες... Αν και είναι πρωτοποριακό...

- Καθόλου! Δεν είναι τίποτα καινούργιο.Τα χρόνια της τουρκοκρατίας τα θυμάσαι ;

- Σαν σήμερα!

- Δεν επέβαλαν οι Τούρκοι τον κεφαλικό φόρο στους Έλληνες;

- Ναι, και όποιοι δεν είχαν να πληρώσουν τους σφάξανε...

- Καλά, δεν είμαστε Τούρκοι, Έλληνες είμαστε, πολιτισμένοι άνθρωποι. Δε θα τους σφάξουμε. Από μόνοι τους... κάπως...

- Κάπως... τι;

- Θα ξεμπερδέψουν τα πράγματα!

- Τι να σου πω; Καλή είναι η εκπαίδευση, κανείς δε λέει... Σαφώς ο κάτοικος της Ελλάδας πρέπει να μιλάει σωστά και να ξέρει την ιστορία και τον πολιτισμό της χώρας. Πες μου, όμως πώς θα παρακολουθήσουν αυτές τις 125 ώρες των μαθημάτων οι κάτοικοι των απομακρυσμένων χωριών; Οι ναύτες που δουλεύουν στα ψάρια;

Τα ελληνόπουλα δεν πάνε στα καΐκια και τα ψάρια

που τρώμε οι ξένοι τα βγάζουν. Αν φύγουν, ούτε την ουρά του μπακαλιάρου δε θα βρεις... Τι να πω και μια μάνα δυστυχισμένη αγράμματη, που δουλεύει δώδεκα ώρες την ημέρα; Αν δεν είναι σε θέση να απαντήσει σε κάποια ερώτηση, ας πούμε, για την άλωση της Θεσσαλονίκης απ' τους Νορμανδούς ή για το πότε γεννήθηκε ο Δομίνικος Θεοτοκόπουλος...

- ... ποιος είναι αυτός ;
- ... τι θα γίνει ; Θα πρέπει να μαζέψει τα κουρέλια της, τις κατσαρόλες και τα στρώματα, να πάρει τα παιδιά απ' το σχολείο και να γυρίσει στην πατρίδα της; Αν δεν έχει που να γυρίσει;
- Κόλλησες με τη μάνα! Δικιά σου είναι; Πάρε τα λεφτά και βλέπουμε... Και στο κάτω - κάτω στην Ελλάδα ζούμε. Να είσαι σίγουρος, όλα θα πάνε καλά. Είτε παρακολουθήσουν είτε όχι τα μαθήματα, το πολυπόθητο χαρτί θα το έχουν όλοι!
- Μα πώς ;
- Δε μου λες, δίπλωμά αυτοκινήτου έχεις πάρει ποτέ;
- Μάλιστα! Παιδί ακόμα...
- Και πώς πέρασες τις εξετάσεις;
- Με το τιμόνι στο χέρι!
- Μόνο τιμόνι; Για θυμήσου...
- Α! Κατάλαβα. Το φακελάκι.
- Έτσι μπράβο! Χαίρομαι πως το μυαλό σου αρχίζει να παίρνει στροφές.

Να είσαι σίγουρος πως σ' αυτήν ακριβώς την κατεύθυνση θα στραφούν τα μυαλά όλων των ενδιαφερομένων. Και απ' τις δυο πλευρές! Αφού δε θα υπάρχει άλλη λύση. Νομοθέτης δεν είσαι; Δεν ξέρεις πως κάθε νόμος, όπως και το νόμισμα, έχει δύο πλευρές; Από τον γραπτό νόμο προκύπτει ένας άγραφος, που δεν είναι καταχωρημένος αλλά εφαρμόζεται πιστά. Καλά, στο πανεπιστήμιο τι σας διδάξανε; Πήγαινε και γράψε επιτέλους τον νόμο!

- Καλά. Ξέρεις, όμως... Στον κόσμο ετούτο δεν υπάρχει κάτι πιο μακρινό απ' την αλήθεια όσο η πρόφαση πως η

εξουσία του κυρίαρχου αποβλέπει στο να ωφελήσει πιό-
τερο τον εξουσιαζόμενο παρά τον εξουσιαστή τον ίδιο...
- Τι ανοησίες είναι αυτές ; Ποιος σ' το είπε;
- Ο Ζαν Ζακ Ρουσσώ.

Υπάρχουν πολιτισμένοι άνθρωποι!

Απόψε πηγαίνω για πρώτη φορά στην καινούργια μου δουλειά, στην ταβέρνα. Είμαι πολύ νευρική.

Δε γνωρίζω το πώς και γιατί υιοθέτησα μια κακή συνήθεια να οργανώνω την πρώτη ημέρα στη νέα δουλειά μου κάποια καταστροφή, αλλά ήταν δεδομένο. Ούτε μπορώ να προβλέψω το μέγεθος της καταστροφής. Ξέρω μόνο πως είναι αναπόφευκτη. Η παράδοση είναι παράδοση, τι να κάνεις;

Από το πρωί βοηθάω στην κουζίνα και σιγά-σιγά μπαίνω στην ουσία της εργασίας.

Και, επιτέλους, η πρώτη παραγγελία. Δύο φίλοι, οι θαμώνες του καταστήματος, είχαν παραγγείλει το γεύμα τους: ορεκτικά, ψάρια και κρασί. Παίρνω ένα τραπεζομάντηλο, άσπρο σαν το χιόνι, το στρώνω και τοποθετώ επάνω του το καλαθάκι με ψωμί. Φυσικά και μου λείπει η επιδεξιότητα ενός επαγγελματία, αλλά τα μαχαιροπήρουνα τα έβαλα πολύ ωραία. Ευχαριστημένη με τον εαυτό μου, επιστρέφω στην κουζίνα για να πάρω το ορεκτικό: φασόλια με κόκκινη σάλτσα.

Μάλλον το παράκανα με τη σάλτσα. Ή δεν είχα παρατηρήσει ένα πόδι που έβγαινε κάτω από το τραπέζι. Ωστόσο, δεν είναι ουσιώδες το «πώς» το αποτέλεσμα μετράει: την παρθενική μου έξοδο στον ρόλο της σερβιτόρας την έχω σημαδέψει με το άδειασμα του πιάτου πάνω από το παντελόνι επισκέπτη. "Καλά, ρε γαμώτο " θύμωσε ο πελάτης, βλέποντας τον κατακόκκινο λεκέ από σάλτσα να απλώνεται πάνω στο άσπρο παντελόνι του.

Θα ήθελα να με καταπιεί η γη! Χαζή! Δεν έπρεπε να κοιτάω στα πόδια μου; Από την κουζίνα τρέχουν με χίλιες συγνώμες τα αφεντικά και αρχίζουν να τρίβουν τον λεκέ. Αλλά πού να πάει; Με απελπισία κοιτάζοντας γύρω, περιμένω δίπλα στο τραπέζι, έπειτα γυρίζω στην κουζίνα. Τι πρέπει να κάνω; Θα μαζέψω τα πράγματά μου ή θα μου επιτρέψουν να δουλεψω μέχρι το βράδυ; Βλέπω πόσο θυμωμένος είναι ο ιδιοκτήτης.

- Τι αίσχος! Σκάνδαλο! φωνάζει ο Ηλίας, τηγανίζοντας τα ψάρια που είχαν παραγγείλει οι πελάτες.

- Χειμώνα έχουμε. Φεβρουάριο! Και ο βλάκας έβαλε τα άσπρα παντελόνια! Πού ακούστηκε αυτό; Πού είδατε να φοράνε τον χειμώνα τα άσπρα παντελόνια; Ακόμη και τα μακριά πόδια του έχει εκθέσει στο ένα χιλιόμετρο. Ποιός του φταίει; Ο άνθρωπος, αν δεν έχει καλούς τρόπους, αν δεν ξέρει πώς να συμπεριφέρεται, έχει πάντα πρόβλημα. Εσύ, όμως, μη στενοχωριέσαι! Θα σε κάνω την καλύτερη σερβιτόρα!

Αυτά τα πόδια, που πάντα εξείχαν επάνω στα πιο απρόσμενα μέρη, με είχαν τρελάνει. Πόσα από αυτά πάτησα μέχρι να μάθει ο κόσμος να κάθεται φρόνιμα! Αλλά και χωρίς τα επαγγελματικά κόλπα που εμφανίστηκαν από το πουθενά, δεν ξέρω τι θα έκανα.

Βγαίνω, τρέχοντας, από τη κουζίνα με έναν δίσκο γεμάτο πιάτα, και, μη βλέποντας τα πόδια που εξέχουν κάτω από το τραπέζι, τα πατάω. Χάνοντας την ισορροπία, πέφτω πάνω στο στήθος του ιδιοκτήτη του ποδιού και ο δίσκος προσγειώνεται ακριβώς στο αυτί του. Κοντά-κοντά, με την άκρη του ματιού, βλέπω το στρεβλωμένο από θυμό πρόσωπό του, το στόμα του, έτοιμο να φωνάξει κάτι άσχημο. Προλαβαίνοντας αυτή την ενέργεια, ψιθυρίζω με πάθος στο χτυπημένο από τον δίσκο αυτί:

- Ω, μόλις σε είδα και ζαλίστηκα!

- Μωρό μου! αναφωνεί χαρωπά ο πελάτης — κακάσχημος, για να πω την αλήθεια - τινάζει τα μακαρόνια, που κόλλησαν στα αυτιά του, και, έχοντας απελευθερωθεί από την απρόσμενη αγκαλιά μου, βγάζει το πορτοφόλι του.

Ευτυχώς, υπάρχουν ακόμα πολιτισμένοι άνθρωποι, - σκέφτομαι, κρύβοντας τα χρήματα στην τσέπη μου. Δεν είναι καταπληκτικό; Πήρε μια μπουνιά στο αυτί και πλήρωσε κιόλας!

Το μπουρμπουάρ, όπως βλέπω, κάποιες φορές πολύ εύκολα βγαίνει...

Οι Έλληνες είναι οξύθυμοι άνθρωποι

- Νάταλι! φωνάζει εξοργισμένα ο Ηλίας. Θα σε διώ-
ξω! Έχεις μαζέψει όλες τις γάτες στην ταβέρνα!
- Όχι! Δεν είναι αλήθεια αυτά που λες!
- Πώς δεν είναι αλήθεια;
- Δεν είναι ακόμα όλες οι γάτες εδώ! Ακόμα η κόκκινη
δεν ήρθε, άρα δεν έφαγε, ο Βάσια με τις ρίγες, η γκρι
γατούλα με τα γατάκια...
Οι γάτες είναι η αδυναμία μου. Δεν ξέρω γιατί μου
αρέσουν αυτά τα χνουδωτά, με ουρά, πλάσματα: για
μένα προσωπικά δεν έκαναν τίποτα ιδιαίτερα καλό.
Ακριβώς το αντίθετο. Ανάμεσα στις γάτες μου οι περισ-
σότερες ήταν ψεύτρες και κλέφτρες. Αλλά δεν λένε πως
η αγάπη είναι τυφλή; Αν βλέπω έξω μια θλιμμένη και
πεινασμένη γατίσια μουρίτσα, δεν μπορώ να μην πετα-
χτώ για να της ρίξω ένα κομματάκι φαγητό.
- Θα τρελαθώ! φωνάζει ο Ηλίας. Τι κάνεις εδώ μέσα; Δεν
εξυπηρετείς τους πελάτες, κοιτάς μόνο αν έφαγε η γάτα;
- Φυσικά! Ο άνθρωπος μπορεί να καθίσει και να πα-
ραγγείλει το δείπνο. Η γάτα, όμως;
- Τι θα πει η γάτα;
- Μπορεί να καθίσει και να παραγγείλει το γεύμα; Τη
ρώτησε κανείς αν έχει ακόμη και τα χρήματα;
- Καλοί μου άνθρωποι! ο Ηλίας προσκαλεί τους πελά-
τες ως μάρτυρες. Ακούστε τι λέει! Γιατί την κρατάω εδώ;
Τι αμαρτίες πληρώνω, Θεέ μου;

Τον δραματικό μονόλογο του Ηλία τον ακούω στο πίσω μέρος της κουζίνας όπου υπάρχει ένας χώρος για να αλλάξω. Η βάρδια μου έχει τελειώσει, βγάζω την ποδιά και ντύνομαι για να πάω στο σπίτι.

- Κύριε Ηλία, αύριο έχω ρεπό!
- Δόξα τω Θεώ!
- Μπορείτε να μην ταΐζετε όλες τις γάτες μου...
- ... ούτε καν να το σκέφτομαι...
- ... αλλά σας παρακαλώ, το μεσημέρι, όταν θα έρθει η γκρι γατούλα, που έχει γατάκια στο υπόγειο...

Το τέλος της φράσης μου το εκφωνώ έξω, πίσω από τις κλειστές πόρτες. Με μια απειλητική κραυγή ο Ηλίας αρπάζει ένα τηγάνι και εγώ προτιμώ να βγω έξω τρέχοντας.

Οι Έλληνες είναι εκρηκτικοί άνθρωποι και έχουν το δράμα μέσα τους...

Τέλος φόρμας

Λίγα λόγια για τη συγγραφέα...

Η Ναταλία Βολοντίνα-Σαρκαβάζη γεννήθηκε στη Σιβηρία, σπούδασε στη Μόσχα, και ζει στην Ελλάδα.

Αποφοίτησε από το Μουσικό τμήμα του Πανεπιστήμιου της Μόσχας και ταυτόχρονα παρακολούθησε Ανώτατα Λογοτεχνικά σεμινάρια της Ενώσεως Λογοτεχνών Ρωσίας, στο Τμήμα Δημοσιογραφίας – για Συγγραφείς – Ευθυμογράφους. Από τότε ξεκίνησε συνεργασία με διάφορες εφημερίδες.

Έχει τιμηθεί με διάφορα λογοτεχνικά βραβεία στην Ρωσία και Ελλάδα: Α' Βραβείο (Γραν Πρι) Διεθνούς Διαγωνισμού συγγραφέων-ευθυμογράφων «Ποντμοσκόβιε – 91» /π. Μόσχα/, Βραβείο για το καλύτερο δημοσιογραφικό έργο της χρονιάς της εφημερίδας «Αθηναϊκή κούριερ» / Αθήνα, 1999/, Β' βραβείο διαγωνισμού για το καλύτερο διήγημα για παιδιά «Η Χρυσή πέννα της Ρωσίας», Μόσχα 2009, Β' βραβείο του Διεθνούς διαγωνισμού λογοτεχνίας ζωοφιλικού περιεχομένου, Λαμία, 2013 και Τιμητικό βραβείο για την προσφορά στον πολιτισμό, Θεσσαλονίκη, 2014. Την ίδια χρονιά έγινε μέλος της Διεθνούς Εταιρείας Ελλήνων λογοτεχνών και καλλιτεχνών.

Το πρώτο βιβλίο, « Ο νόμος της πεταλούδας», βγήκε στην Αγία Πετρούπολη το 2011.

www.ingramcontent.com/pod-product-compliance
Lightning Source LLC
Chambersburg PA
CBHW031321040426
42443CB00005B/180